U0682423

旅游书架

So Easy 游遍南非

《亲历者》编辑部　编著

中国铁道出版社
CHINA RAILWAY PUBLISHING HOUSE

图书在版编目（CIP）数据

游遍南非 /《亲历者》编辑部编著 . -- 北京：中国铁道
出版社，2015.11
（亲历者）
ISBN 978-7-113-20561-4

Ⅰ.①游… Ⅱ.①亲… Ⅲ.①旅游指南—南非 Ⅳ.①K947.09

中国版本图书馆CIP数据核字（2015）第133053号

书　　　名：游遍南非
作　　　者：《亲历者》编辑部　编著

策划编辑：聂浩智
责任编辑：王　菁
编辑助理：杨　旭
版式设计：袁英兰
责任印制：郭向伟

出版发行：中国铁道出版社（北京市西城区右安门西街8号　邮码：100054）
印　　刷：中煤涿州制图印刷厂北京分厂
版　　次：2015年11月第1版　　2015年11月第1次印刷
开　　本：660mm×980mm　1/16　印张：15　字数：300千
书　　号：ISBN 978-7-113-20561-4
定　　价：49.80元

前|言
PREFACE

南非是世界上最多彩、最迷人的国家之一，它最吸引人的地方就在于它醉人的美景和丰富的物产。无论是耀眼夺目的钻石还是云腾圣洁的桌山；无论是春意盎然的花海还是辽阔草原上的野生动物；无论是奢华绚丽的太阳城还是弥漫酒香的葡萄园，甚至是野花遍布的山谷，无时无刻不在展现着南非的静谧与热情，让游客为之惊叹。

来到南非这片广阔的土地上，可以感受到自然淳朴的气息，从壮观的好望角到圣洁的桌山，从古老神秘的科伊桑人到街头热情洋溢的少年，都将让你深深沉醉于南非的风情之中。钻石、海浪、花海、葡萄园、野生动物等，每时每刻都在向你展示着它的美好和热情。

钻石是南非的象征，南非也正如钻石般多姿多彩，在这个神奇的国度中，你可以在花园内品尝美酒佳肴，夕阳西下时在野生动物园内欣赏各种可爱的小动物，或是在深海中来一曲惊心动魄的与鲨共舞。除此之外，也不要忘了尝一尝南非的特色野味，感受舌尖上的"彩虹之国"。

南非的美需要你亲身去体会，走在南非的街道上，到处都洋溢着异国风情，它们充斥着你的感观。午后坐在咖啡厅，静静地听着音乐，享受这份宁静。夜色降临，华灯初上，就到了南非的娱乐时间，从水上活动到夜间酒吧的灯红酒绿，从剧院的高雅艺术到在公园中野游，无一不充满乐趣。来到这里，你一定会很快融入这座热情摇曳的城市，丰富的活动定会为你的南非之旅增加色彩。

南非的旅游城市很多，时间有限，去哪些地方呢？人生地不熟，怎样继续行程呢？语言不通怎么办？不用担心，在这本书里，无论办理护照、申请签证、准备行李，还是熟知重要图标、了解景区资讯，都进行了详细介绍，图文紧密结合，让你不懂外语也能轻松玩转自由行。

带着对南非的向往，带上本书，赶紧出发吧，去揭开南非神秘的面纱，为自己的旅行寻一个完美的地方。本书在编写过程中，力求资讯准确、信息完善。由于各种原因造成的错误或疏漏，敬请各位读者不吝指教，联系我们，让我们在改版时更完善。

　　本书精选了南非7大热门旅游城市（比勒陀利亚、约翰内斯堡、开普敦、布隆方丹、伊丽莎白港、德班、太阳城），以详实的攻略、独特的介绍、精准的信息、丰富的地图，对南非的这些旅游城市进行了深度介绍。书中推荐了当地最值得一玩的美景、最值得一尝的美食、最值得一逛的街区，多角度地为不同的读者群体提供贴心的指导。无论你是第一次去南非，还是南非的常客，这本书都是你忠实的向导。

1 　文前的每个版块都会有一段概况性文字来统领该版块的主题，之后会对相应的主题展开细述，通过文字和图片，你可以快速地对南非各城文化、特色等有初步了解，这对景点的游览会有很大帮助。

2 　书中每个城市的开篇都会有游客对该城的印象，通过感性的文字与图片，读者可以对相应城市有个大致的了解。印象之后就是城市的景点介绍，这些都会为你的旅程提供极大的便利。

3 　景点下面的"一句话介绍"可帮你迅速了解该景点的游玩特点。部分景点介绍之后会有不懂外语也能High，告诉你该景点值得体验的特色等。资讯信息可以让你准确把握景点的位置及到达方式，它的存在会帮上大忙。

4 "美食"这个版块首先会有相关城市的美食介绍，可以让你迅速把握对应城市的美食特点。之后会有具体菜品、餐厅的推荐。

5 "住宿"这个版块首先会有相关的住宿介绍，可以让你迅速把握对应城市的住宿类型。之后有具体住宿地推荐。

6 "交通"这个版块详细介绍了进出该城市的交通方式，以飞机为主，配合火车、长途汽车等，让游客快速获知到该城市的方法。

7 "购物"这个版块首先会有相关城市的购物介绍，可以让你迅速把握对应城市购物的重点。之后会有具体购物地推荐。

8 "娱乐"这个版块首先会有相关城市的娱乐介绍，可以让你迅速掌握对应城市的可玩项目。之后会有具体娱乐地推荐。

9 "准备去南非"、"熟记这些图标"，"到达南非后"、"离开南非"等部分以图、文、表结合的方式，详细、直观地介绍了前往南非需要准备的物件、需要了解的信息以及在南非乘坐火车、飞机等交通工具的方法等，让你的南非之行有法可循。

目录
CONTENTS

091 Part 4
离开南非

079 Part 3
到达南非后

097 Part 5
第一站，比勒陀利亚

目录

游遍南非

目录

Part1
准备去南非

前往南非，做好行前准备是出行的第一步。行前必须做好的准备有办理证件、预订酒店、预订机票等，还要对南非的情况有一个基本的了解，比如了解南非的地理、气候、时区等。翻开本章节内容，你不仅能对南非有初步认识，还能从容做好行前的一切准备。

了解南非

南非全称南非共和国（The Republic of South Africa）通称南非。它位于非洲大陆最南端，地形以高原为主，东、南、西三面被印度洋和大西洋环抱。它东面隔印度洋与澳大利亚相望，西面隔大西洋与巴西、阿根廷相望。南非是世界上独一无二的拥有3个首都的国家，并且南非的黄金、钻石生产量均占世界首位。这个被誉为"彩虹之国"的国家有很多古老的建筑，如联合大厦、旧国会议址、国家剧院、纪念馆等，以及很多国家公园，如阿多大象国家公园、皇家纳塔尔国家公园和金门高地国家公园等，吸引世界各地的游客前去游览。

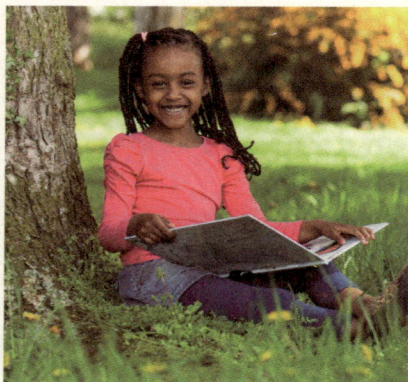

南非档案 CARD

相关信息	备　　注
国名	南非共和国
英文	The Republic of South Africa
位置	地处南半球，位于非洲大陆的最南端
首都	比勒陀利亚、开普敦、布隆方丹
最大行政区	豪登省
主要城市	约翰内斯堡、伊丽莎白港、德班
时区	UTC+2
主要官方语言	英语、祖鲁语、南非荷兰语等
主要宗教	基督新教、天主教
主要民族	祖鲁、科萨、斯威士、茨瓦纳
货币单位	兰特
国庆日	5月31日
主要节日	元旦、人权日、自由日、国庆日
道路通行方向	靠左行驶
家用电源电压	220V
电源频率	50Hz
电源插座	三孔插座
国际电话区号	27
国家代码	ZAF
国花	帝王花
国旗	侧卧的"Y"字旗
国歌	《上帝保佑非洲》
国际域名缩写	.za

地理

南非位于非洲大陆最南端，东面隔印度洋与澳大利亚相望，西面隔大西洋与巴西、阿根廷相望。南非内陆高原呈阶梯状，自东南向西北递降，高草原是内陆高原最高部分，北部是中草原，灌丛草原位于中草原北部，低草原分布于最北端的林波波河流域，西北部为开普高原。沿海平原从东、南、西三面环绕内陆高原，呈狭窄带状。西北部为沙漠。奥兰治河和林波波河为两大主要河流，地下水是许多地区全年供水的唯一可靠来源。

南非地形分布示意图

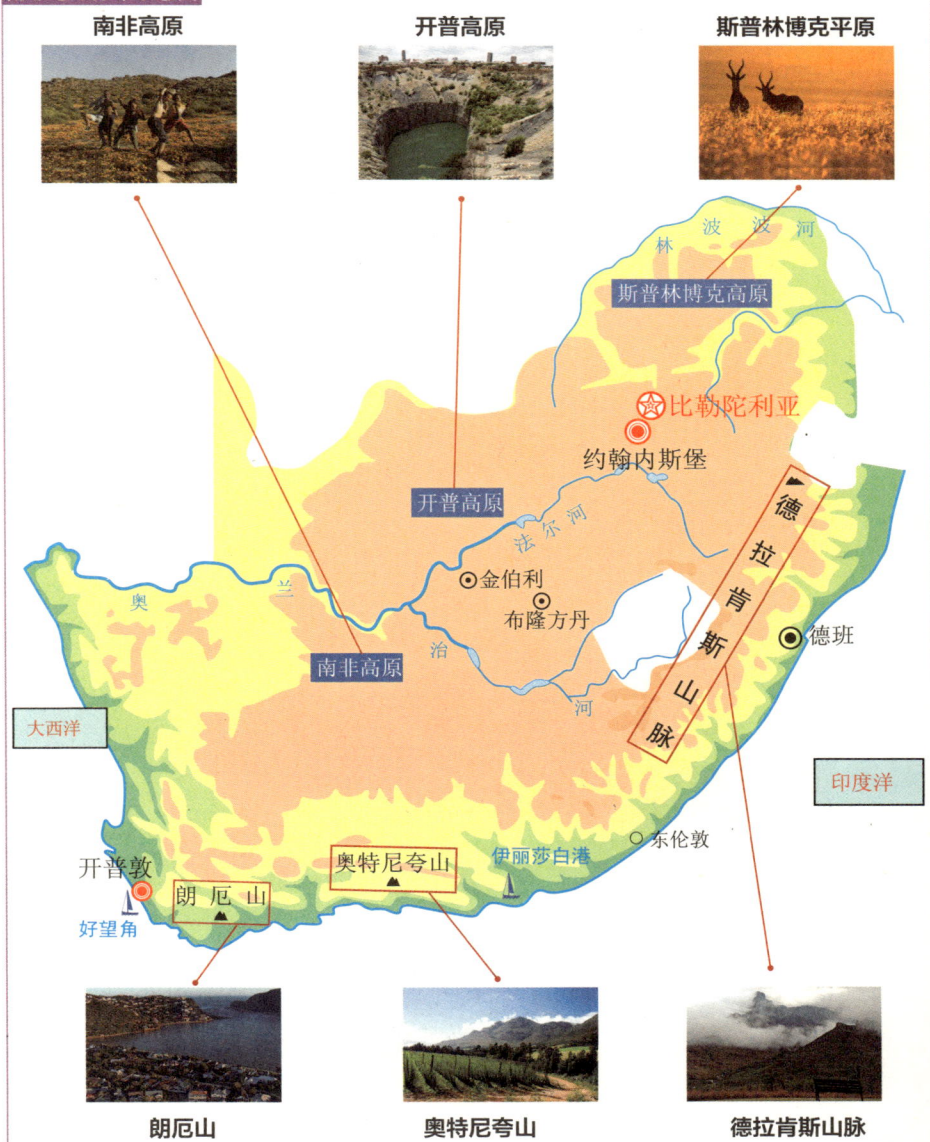

南非高原

开普高原

斯普林博克平原

林波波河
斯普林博克高原
☆比勒陀利亚
约翰内斯堡
开普高原
德拉肯斯山脉
法尔河
奥兰治河
金伯利
布隆方丹
德班
南非高原
大西洋
印度洋
伊丽莎白港
东伦敦
开普敦
奥特尼夸山
朗厄山
好望角

朗厄山

奥特尼夸山

德拉肯斯山脉

气候

南非大部分地区属热带草原气候，东部沿海为热带季风气候，南部沿海为地中海式气候。由于受印度洋暖流和大西洋寒流的影响，南非东海岸和西海岸的气候差异非常明显。全境气候分为春、夏、秋、冬、4季。12月至次年2月为夏季，最高气温可达32～38℃；6～8月是冬季，最低气温为−10至−12℃。全年降水量由东部的约1000毫米逐渐减少到西部的约60毫米，平均约450毫米。

南非气候分布示意图

代表地方：阿平顿、里特方丹

热带沙漠气候： 终年炎热干燥，日温差、年温差很大，降水稀少，自然景观是荒漠

代表地方：约翰内斯堡、盖尔斯休

热带草原气候： 终年高温，干湿季分明，具有稀树草原的景观

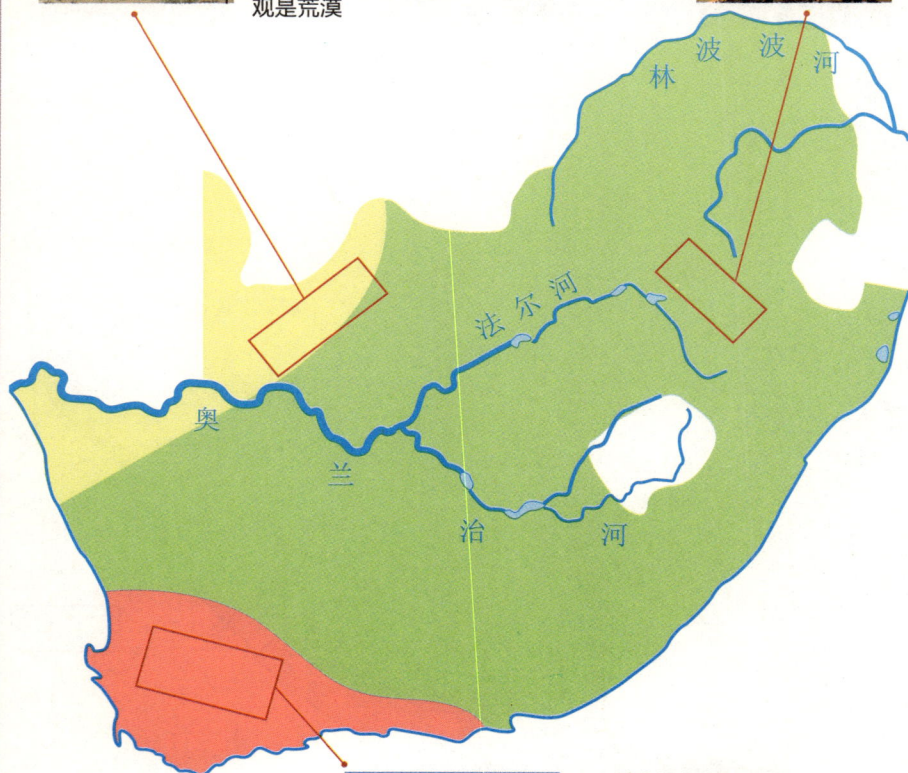

林波波河

法尔河

奥兰治河

地中海气候： 夏季气候干燥炎热，冬季温和多雨，景观为常绿硬叶阔叶林和常绿灌木林

代表地方：开普敦、伊丽莎白港

人口

南非是一个移民大国，主要由非洲黑人、白人、有色人和亚裔4大种族构成，分别占总人口的79.4%、9.2%、8.8%和2.6%。其中，非洲黑人是南非的原居民，最早的时候，非洲黑人分为科伊桑人和班图尼格罗人（班图人），科伊桑人又分为科伊人和桑人，现在已不构成单独族体。班图尼格罗人经过长期融合、演化，形成9个主要族群。

南非原居民民族及分布				
民族	英文名称	相貌特征	分布地区	习俗与节日
祖鲁族	Zulu		夸祖鲁-纳塔尔省、姆普马兰加省及豪登省	一夫多妻制，穿开放服饰，少女婚前不着上装，下装的装饰品有裁剪时尚的动物皮、手工编织珠子串等
科萨族	Xhosa		东、西开普两省	多信原始宗教，少数信仰基督教，一夫多妻，男人是战士、猎人及牧场主，女人种植及采摘农作物
索托族	Sotho		自由州省和豪登省	索托族为少数民族，其代表性的乐器索托鼓由黏土和皮制成，音调浑厚，富有震撼力
塞佩提人	Sepedi		北方省和姆普马兰加省	舞蹈热情洋溢，手工艺品多为绘制脸谱或珠串脸谱，食物为鸵鸟肉、鳄鱼肉、羊肉、牛肉，部族之间以不同的动物头骨区分
茨瓦纳族	Tswana		西北省和北开普省	多为一夫多妻制，妻子通常到夫家居住，家庭中拥有牛的数量决定了成员身价和地位高低的象征
聪加族	Tsonga		北方省	部分信仰伊斯兰教，部分信仰基督教。一夫多妻制，有割礼、年龄结群制度、饮鲜牛血、不吃鱼等习俗
斯威士族	Swazi		姆普马兰加省	信奉基督教或拜物教，从事农牧混合业，以父权制大家族为单位，新婚开始男子即需抚养孩子，孩子通常从近亲过继

民族	英文名称	相貌特征	分布地区	习俗与节日
恩德贝莱族	Ndebele		姆普马兰加省	保留着祖鲁族的传统和生活习俗，一夫多妻制，每个妻子都有自己的专用卧室和厨房，妇女生儿育女，拾柴挑水，做饭。男人用长矛狩猎
文达族	Venda		北方省	文达族人个个都能歌善舞，其文化传统与索托人相通。现主要分布于北方省

风俗禁忌

由于南非有很多原居民，因此游客熟知当地的风俗禁忌是非常有必要的。在言行中应当对不同的风俗表示尊重，不要随意地议论甚至笑话，对于违反原居民禁忌的事情更是不能去做。

南非礼仪风俗概览		
分类	概括	详情
社交礼仪	黑白分明，英式为主	南非的黑人和白人所遵从的社交礼仪不同，白人的社交礼仪偏英式社交礼仪，城市中的南非人见面礼节普遍是握手礼，对交往对象的称呼主要是"先生""小姐"或"夫人"。而在原居民部族中，黑人习惯以鸵鸟毛或孔雀毛赠予贵宾，客人此刻得体的做法是将这些珍贵的羽毛插在自己的帽子上或头发上
服饰礼仪	城乡差异极大	在城市中，南非人的穿着打扮基本西化了，讲究着装端庄、严谨，因此进行官方交往或商务交往时，最好穿样式保守、色彩偏深的套装或裙装。而在原居民部落中，着装各有特色
餐饮礼仪	西餐为主	南非当地白人平日以吃西餐为主，通常吃牛肉、鸡肉、鸡蛋和面包，爱喝咖啡与红茶。原居民喜欢吃牛肉、羊肉，主食是玉米、薯类、豆类，不喜生食，爱吃熟食。原居民待客餐饮礼仪是，主人送上刚挤出的牛奶或羊奶，或者自制的啤酒，客人一定要多喝，最好一饮而尽
习俗禁忌	莫言祖先	信仰基督教的南非人，忌讳数字13和星期五。南非黑人非常敬仰自己的祖先，他们特别忌讳外人对自己的祖先言行失敬
交谈礼仪	少说话	如果游客的南非口语或者英语很好，也不要说得太多。跟南非当地人交谈，尤其要注意少议论、少八卦。有4个话题不要涉及，不要为白人评功摆好，不要评论不同黑人部族或派别之间的关系及矛盾，不要非议南非人的古老习惯，不要为对方生了男孩表示祝贺

时区

中国北京所在时区是东八区，南非所在时区是东二区，两者相差6小时，北京比南非早6小时，例如：北京时间8：00，那么南非时间为2：00；如果北京时间为24：00，那么南非时间为18：00，以此类推。

语言

南非有11种官方语言，包括：英语、南非荷兰语、恩德贝勒语、科萨语、祖鲁语、佩迪语（北索托语）、南索托语、斯威士语、茨瓦纳语、文达语和聪加语。而在南非主要使用的语言为祖鲁语、南非荷兰语、阿非利卡语、佩迪语和英语。在一些高级酒店、餐厅或是购物商场内工作人员能用英语交流，如果觉得自己的英语不是很好，可以随身带一个电子英文词典。

到达所需时间

从中国到南非所需时间比较长，飞机主要到达城市有约翰内斯堡、开普敦、德班、伊丽莎白港等，直达航班飞行时间18～22小时，如果要从其他城市中转，单程所需的时间可能达到2天。因此到南非旅游一定要准备充足的假期。

转换插头型号

到南非旅游，一定要买对转换插头，很多游客去前买的是小圆柱之间距离为2厘米的小南非标准的转换插头，在南非当地绝大多数地区都不能使用。一定要买大南非标准的转换插头，不然到达南非后无法使用。建议游客按照图例认准样式再购买。如果还是不确定在中国哪里购买，可以到南非国际机场买，只是价格稍微高些，约80兰特。

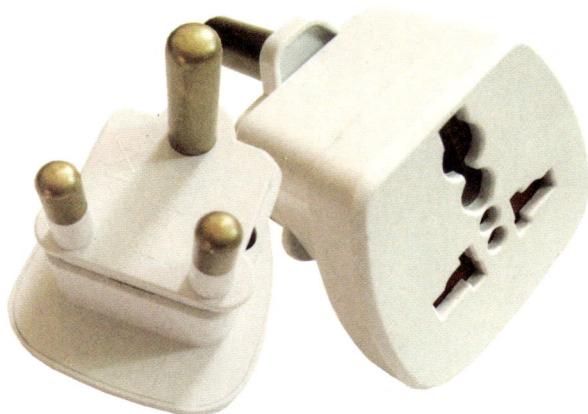

017

拟定计划

决定旅游的地方

南非是一个非常大的国家，有很多著名的城市，如比勒陀利亚、开普敦、布隆方丹、德班、约翰内斯堡和伊丽莎白港等。在去南非之前，要先决定去哪些城市游玩，然后决定首先去哪个城市，这样才能提前购买机票、预订酒店等。如果了解好一些城市的节日活动或演出的时间，在自己行程已确定的情况下，还可以先预订一些活动或演出的门票，如百老汇的演出等。

南非旅游路线推荐

约翰内斯堡 → **比勒陀利亚** → **太阳城** → **开普敦**

约翰内斯堡	比勒陀利亚	太阳城	开普敦
第1天 抵达约翰内斯堡，游览非洲博物馆，睡个好觉 **第2天** 早上约翰内斯堡动物园；中午约翰内斯堡艺廊；晚上卡尔通瞭望台	**第3天** 早上先民纪念馆；中午联合大厦；晚上国家剧院 **第4天** 早上自由公园；中午邮政博物馆；晚上酒吧或咖啡厅 **第5天** 早上南非国家动物园；中午喷泉谷直到晚上	**第6天** 早上皇宫酒店，参加娱乐项目；晚上露天剧场看各种表演 **第7天** 早上波涛谷主题乐园；中午失落之城；晚上到民俗文化村观看表演	**第8天** 早上好望角；中午到桌山观看风景；晚上圣乔治街吃美食 **第9天** 早上珊瑚湖；中午吃龙虾餐；晚上维多利亚港参加娱乐活动 **第10天** 早上花园大道；中午大康斯坦夏葡萄酒庄园品美酒观美景；晚上街心花园漫步

计划旅游的天数

去南非游玩，就算只选择几个著名的城市游览，也要五六天，就算只在布莱德河峡谷自然保护区游玩一圈下来也要3天左右，因此去南非最少也要7天，但如果要漫游南非的话，需要12天左右。其实一个长假7天，一来一回的飞机就要扣除两三天。如果有年假，就可以在南非多待一些日子，这样也可以玩得尽兴。

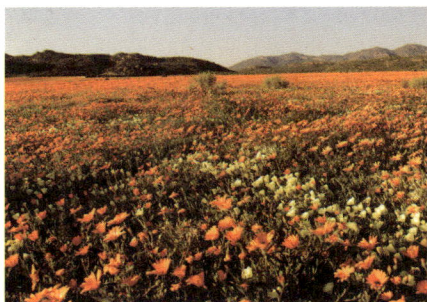

南非的最佳旅游季节

南非以其阳光和相对温暖的冬天而著称，一年四季都适合旅行。每年的春天（9~11月）和秋天（3~5月）是南非的最佳旅游季节，这两个季节不冷不热，旅馆价格也相对比较便宜。夏季（12月至次年2月）是南非假日季节，那时学校放假，家庭会集体赶赴海岸，同时是南非旅行热闹的时段，旅游景点游客很多，旅馆价格也很高，而且比较难预订。南非的冬天不是特别冷，对想要游猎的游客来说是最好的季节。

南非全年旅游特色	
月份	特色
3~5月	举办各种比赛和全民性活动；品尝葡萄酒的最佳时节
6~8月	南非冬季，是游猎的好时节
7~9月	动物繁殖季，观看鲨鱼、鲸鱼和沙丁鱼洄游
9~11月	观鸟季节，南非花季的花毯期，可观看壮丽的花景
12月至次年2月	南非气氛最浓郁的季节，各种冒险、探索、潜水、远足和冲浪活动也如火如荼

南非气候温暖平和，阳光明媚，一年当中近7个月都有明媚的阳光。因此南非的各个主要城市在一年四季中都适合旅行，天气都比较好，白昼时间长，适合旅行。

南非旅游城市及最佳游季	
城市	最佳游季
比勒陀利亚	终年阳光普照，四季都适宜观光旅游
约翰内斯堡	全年不分四季均适于旅游
开普敦	9月至次年2月的春夏季，气候怡人，适合出游
伊丽莎白港	属热带海洋性气候，12月至次年5月最佳，6月起至11月为飓风季节
德班	有着四季如春的气候，迷人的海滩，帆船、冲浪和潜水运动爱好者以及钓鱼爱好者的天堂
太阳城	气候温和，一年四季都晴空万里，随时都适合旅游，6月至8月注意防晒
布隆方丹	9、10月份为最佳旅游时间，夏天较热、冬天较冷

南非的法定节假日

出境旅游的游客，通常只有7~14天时间用来游玩，为了避免吃"闭门羹"，掌握景点的开放时间很有必要。有些官方的景点在法定节假日关门休息，有些华人街区在节假日不休息，而向后顺延，因此要格外留意景区官方提供给游客的信息。南非法律规定，凡法定假日逢周日，星期一将顺延休假，这也是游客需要熟知的。

南非的法定节假日		
日期	**节庆名称**	**简介**
1月1日	新年	以各种方式互相祝福，贺年卡是其中主要形式
3月21日	人权日	当地许多人权团体都举行各种活动来庆祝这个节日
4月27日	自由日	纪念1994年4月27日首次举行不分种族的全国大选；也叫全国抗议日，是南非人民反种族主义运动纪念日
5月1日	劳动节	主要是为了纪念工人曾在这一天为无产阶级争取利益而付出了很多努力
6月16日	青年节	纪念索韦托起义，学生抗议当局强行推广南非荷兰语，却遭到武力镇压
7月18日	曼德拉日	为了纪念曼德拉而特意设立的节日，纪念他留下的宝贵精神财富
8月9日	全国妇女节	要求实现男女平等、结束党派冲突与暴力，保证妇女生存权益，以消除歧视妇女的影响
12月16日	和解节	教育南非人吸取黑白人"血河之战"的历史教训
12月25日	圣诞节	交换礼物，寄圣诞卡，普天同庆，有些作为耶稣诞生的日子庆祝，有些则是习惯

旅行费用预算

旅行在外，住宿、吃饭、交通、娱乐等处处都需要钱。南非的物价和消费水平和我国不相上下。南非的高档酒店1000~1500兰特/晚，如果预算有限可以住经济酒店或青年

旅舍，经济酒店80~100兰特/晚。如果是青年旅舍的话，价格视每间房间住宿的人的多少而不同，一般是30~50兰特/晚。吃的话，可以去一些快餐店、小餐馆用餐，如可乐大概是7兰特一听。购物可以去跳蚤市场、折扣店、免税店、特色商品市场，会便宜很多。如果旅行后还要买一些纪念品，或是给亲戚朋友带一些礼物等，就要多计算一些旅行费用了。

准备证件

办理护照

　　出国旅游，首先需要准备的证件便是护照，如果你已经有护照，那必须保证护照的有效期超过6个月，否则需要去更换护照，如果你没有护照就需去户口所在地办理护照。

　　据有关部门规定，全国现在共有43个城市的外地人可在当地办理。这些城市有：北京、天津、石家庄、太原、呼和浩特、沈阳、大连、长春、哈尔滨、上海、南京、杭州、宁波、合肥、福州、厦门、南昌、济南、青岛、郑州、武汉、长沙、广州、深圳、南宁、海口、重庆、成都、贵阳、昆明、西安、无锡、常州、苏州、温州、嘉兴、舟山、泉州、株洲、湘潭、珠海、东莞、佛山。

　　在这43个城市就业的非本市户籍人员可持户口簿、居民身份证、暂（居）住证，以及人力资源和社会保障部门出具的在就业地连续一年以上缴纳社会保险的证明（包括首次申请、换补发证件、证件失效重新申请以及证件加注），高等院校在读的非本市户籍大学生可持户口簿、二代居民身份证以及就读院校出具的在校证明，向公安机关出入境管理机构申请办理普通护照。

　　其他地方的居民办理护照，都需要本人携带身份证或者户口簿以及彩色照片到户口所在的公安局办理。办理时先要填写一份《中国公民因私出国（境）申请表》，然后提交申请，在5个工作日后携带本人户口簿及居民身份证原件和取证回执单，到办理处领取护照，也可以选择邮寄护照的方式领取护照。

办理签证

　　去南非旅行，需办理有效的旅游签证才可以前往。持有中华人民共和国有效居民证件的人，可以到南非驻华大使馆和南非驻上海总领事馆申请签证。办理南非的签证相对容易，只需把所需的材料准备齐全，并保证资料的真实有效性，基本就可以获得签证。建议提前3个月申请办理南非签证，办理时需要申请人本人前往南非签证申请中心（北京/上海）提交签证申请。

南非的签证有很多类型，办理旅游签证的游客，需要按照"官网—关于您的签证—访问签证（3个月以内）—旅游"的步骤查询信息和找到表格下载链接。在办理签证之前，首先要到南非驻华大使馆官网的签证申请中心（www.southafricavac-cn.com/chinese）查看办理签证需要准备的材料。并且需要注意，无论申请人护照在哪个领区签发，申请人长期在哪个领区工作和居住就在该领区申请，并提供以下材料。

申请南非旅游签证所需材料	
材料	备注
护照或旅行证件	有效期超过访问后30天以上的护照及2份护照首页复印件（A4纸），护照上至少有两页空白页(一页贴签证，一页盖入境章)
DHA-84 表格	填写完整的 DHA-84 表格，用黑色笔用英文完整填写
护照照片	2张彩色白底护照照片，护照照片的规格35毫米宽，45毫米长，头部及肩部上部特写，脸部须占照片大小的70%～80%。照片需完整无损坏，清晰可辨，无墨迹、线条或折痕。申请人直视镜头，恰当的光度以及对比度，免冠，有宗教习俗的除外，但必须脸部特征清晰可辨，可戴眼镜，但透过镜片必须能看到眼睛
费用	签证费用人民币 390 元，服务费人民币 260 元
机票预订单	带抬头纸的往返机票预订单
酒店预订单	酒店预订证明（酒店直接确认，并用酒店抬头纸）
财力证明	最近3个月银行对账单（如提供工资卡，有养老保险金成功率更高），国际信用卡复印件及信用卡显示额度的对账单，存折或存单复印件
工作人员保证函	申请人单位出具的保证函（包括单位详细地址及有效电话，无业或退休者无须提供），营业执照涉外公证件，居（暂）住证原件及复印件
18 岁以下孩子	出生证明公证书，不在团内的父母要写同意信，若孩子父母双方都无法陪同，则需提供授权委托人员的详细信息，费用承担信
保险	境外旅行医疗保险
行程安排	如果申请人访问超过 30 天，需提供访问期间的详细行程安排
黄热病疫苗注射证明	如申请人来自或将要前往黄热病地区（非洲：安哥拉、肯尼亚、布隆迪、利比里亚贝宁、马里、布基纳法索、尼日尔、喀麦隆、尼日利亚、中非共和国、圣多美和普林西比、乍得、塞内加尔、刚果、塞拉利昂、赤道几内亚、索马里、埃塞俄比亚、苏丹、冈比亚、卢旺达、加蓬、坦桑尼亚、几内亚、多哥、几内亚比绍、乌干达、加纳、扎伊尔、象牙海岸。南美洲：玻利维亚、圭亚那、巴西、巴拿马、哥伦比亚、秘鲁、厄瓜多尔、苏里南、法属圭亚那、委内瑞拉）需出具

办理签证的程序

① 准备材料

准备一份所有原件的清晰复印件以及3份护照首页的复印件，如曾持有英国、美国、加拿大、日本及欧洲申根地区签证，也需复印一份此签证页。

② 完整填写签证申请表

从官方网站下载DHA-84申请表（访问

或转机签证）或DHA-1738申请表（其他种类），用英文和黑色签字笔认真填写。

③ 把握时间，前往签证申请中心

申请人本人于周一至周五8:00～15:00（公众假日除外）前往南非签证申请中心（北京/上海）提交签证申请。

④ 缴费及提交材料

根据签证申请，在签证申请中心交付签证费以及服务费，并提交签证申请表及所要求的文件材料。

南非签证申请中心

申请人必须本人递交申请，所有的签证申请必须根据护照签发地前往各自所属领区的签证中心进行提交。如有特殊情况，需提供诸如临时居住证、单位雇用证明等可以证明其无法在所属领区递交签证申请的证明信息。

南非签证申请中心信息					
签证申请中心所在地	地址	申请受理时间	申请受理时间	电话	邮箱
北京	北京市东城区东水井胡同5号北京INN大厦2组团A座9层A区	周一至周五8:00～15:00，假日列表所列公众节假日除外	周一至周五8:00～15:00，假日列表所列公众节假日除外	010－58641360/58641630	infopek.zacn@vfshelpline.com
上海	上海市黄浦区四川中路213号久事商务大厦3层	周一至周五8:00～15:00，假日列表所列公众节假日除外	周一至周五8:00～15:00，假日列表所列公众节假日除外	021－51859736	infosha.zacn@vfshelpline.com

怎么看签证

南非国徽
签证编号
签证申请表类型：DHA-84
签证类型：Visitors Visa
签证持有人姓名
护照号码
签发地和签发时间
持有人签名
多次往返
签证有效期
英文签证用途

南非签证图解

023

国际学生证

国际学生证（International Student Identity Card）是在海外证明本人为学生的证件，它除了能代替护照证明身份外，还能使游客享受很多的优惠，如乘坐火车，或去博物馆、美术馆游览，剧院看演出，购物或用餐时，都可以享受一些特价优惠。

获得国际学生证的条件是：年满12周岁的大学、大专、研究生、初中、高中、专业学校的全日制学生。在办理时，可拿着学生证、录取通知书或学费单，身份证、护照复印件或出生证明文件与彩色证件照到国际学生证办理处就可以办理。到办理中心办理费用为85元人民币，普通在线申请般是95元人民币，特快在线办理是105元人民币。全国统一支持热线：4006-100116。

需要准备的材料有学生证或录取通知书、学费单的图片文件；身份证或护照、出生证明的图片文件；一寸正面免冠彩色照片电子版或打印版。

国家学生证查询网站	
网站	**网址**
国际网站	www.isic.org
中国网站	www.isic.cc

所在学校
持有人姓名
出生日期
有效期限

INTERNATIONAL STUDENT IDENTITY CARD — isic

CARNET INTERNACIONAL DE ESTUDIANTE

照片

Studies at | Etudiant à | Est. de Enseñanza
University of Economics
Name | Nom | Nombre
Penny Wise
Born | Né(e) le | Nacido/a el
10/10/1990
Validity | Validité | Validez

UNESCO
S 123 456 789 012 X

CARTE D'ÉTUDIANT INTERNATIONALE

国际学生证信息图解

办理国际学生证的地点				
办证地点	**地址**	**电话**	**传真**	**开放时间**
北京（**Beijing Head Office**）	北京市东三环北路甲二号京信大厦2142-2145室（100027）	010-65981876/65981976/65981955	010-68002938	周一至周五9:00~18:00（双休日及公众假期休息）
广州（**Guangzhou Branch Office**）	广东省广州市番禺区广州大学城华南理工大学B1栋国际教育学院302室	020-39381398	—	周一至周五9:00~18:00（双休日及公众假期休息）

国际青年证

　　国际青年证（IYTC，The International Youth Travel Card）允许未满26岁的青年人申请。持此证，可以在世界各地享有各种旅游优惠服务，如住宿、购物、机票、船票、火车票、租车、购物、娱乐场及博物馆游览等。在南非入住青年旅舍，不仅可以享受优惠，还能体验浓郁拉丁风情，是到南非探寻自然奥秘与猎奇的最好住宿选择之一。

　　申请国际青年证需要准备的材料有护照或身份证（身份证正反面均复印），一寸的彩色证件照一张。费用为100元人民币，有效期为1年。国际青年证可在www.isic.cc上申请，也可以到ISIC办公室办理。

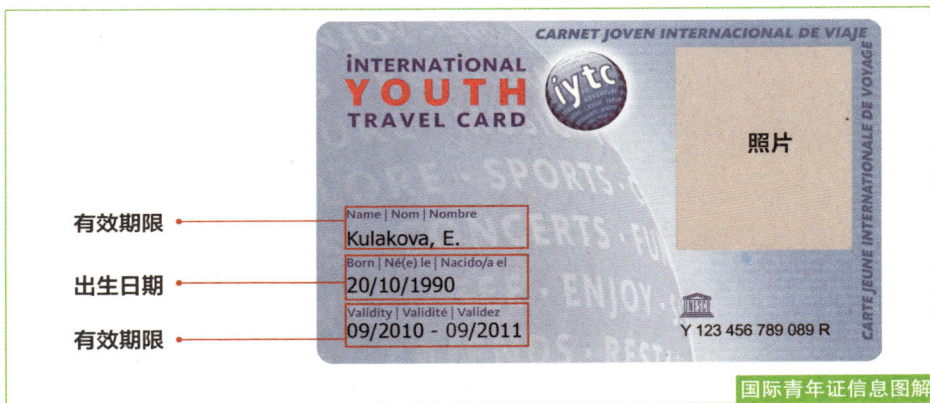

有效期限

出生日期

有效期限

INTERNATIONAL
YOUTH
TRAVEL CARD

CARNET JOVEN INTERNACIONAL DE VIAJE

照片

Name | Nom | Nombre
Kulakova, E.
Born | Né(e) le | Nacido/a el
20/10/1990
Validity | Validité | Validez
09/2010 - 09/2011

Y 123 456 789 089 R

国际青年证信息图解

青年旅舍会员卡

　　青年旅舍会员卡（HI卡）是国际青年旅舍联盟会员身份证明，全球通用，也是旅游者入住青年旅舍的凭证。去南非旅行，不管你是否入住青年旅舍，你都可以在出发之前去办一张青年旅舍会员卡。拥有会员卡，可以享受国内外国际青年旅舍住宿价格的优惠，同时还可以预订国外青年旅舍。此外，在食、行、游、购、娱等方面也有优惠，如在全球多个国际机场和车船站，凭青年施舍会员卡兑换外币可免收手续费；购买景点门票、车船票，以及租车、参团等均可能有折扣，有的折扣率甚至高达50%。

国际青年旅舍
蓝三角标识

签发地电话

有效期

持有人亲笔
签名

HOSTELLING
INTERNATIONAL

International Youth Hostel
国际青年旅舍会员卡
Membership Card

yha
China
国际青年旅舍 中国

有效期至(Expires end)　　月(M)/201　　年(Y)
Signature　　　　　　Date of Birth

中国青年旅舍
红方块标识

持有人姓名及
户口所在省的
中英文

出生日期

国际青年旅舍会员卡信息图解

025

青年旅舍会员卡申请方式	
办理方式	**详情**
网上支付或邮政汇款办理	请先网上填表，会费和回邮费用可以通过网上支付或邮局汇款付费，费用收到后，国际青年旅舍组织会在5个工作日内为给你邮寄会员卡
亲自到总部办理	先在网上填表，再到国际青年旅舍中国总部付款办理会员卡。办妥手续后，可即时取卡
到青年旅舍柜台办理	国内北京、上海、广东、江苏、浙江、安徽、海南、山东、湖南、辽宁、湖北、重庆、陕西、广西、云南、四川、新疆、青海、福建、山西、西藏、内蒙古、吉林、黑龙江等省区市都有能够办理青年旅舍会员卡的青年旅舍

tips 小贴士

如无法网上填表者可在官网下载会员申请表（简体中文/繁体中文/IsiZulu），填妥后通过电邮service@yhachina.com，将该表格发到国际青年旅舍中国总部。

青年旅舍会员卡须持卡人本人亲笔签名。青年旅舍会员卡的有效期是一年，费用为50元人民币，会员卡过期后，则自动失效，不能继续延期。如果需要续卡，续期折扣优惠只可以向国际青年旅舍中国总部申请（青年旅舍柜台没有续期优惠），需要重新填写申请表。第一年续卡的费用为原价50元的9折，即45元人民币，另加回邮费用；第二年及以后为原价的8折，即40元人民币，另加回邮费用。

驾照公证

国际驾照（IDP）是一份证明驾驶者持有有效本国驾照的多国翻译文本，国际驾照的持有人可以在本国之外的其他国家短期驾车。但是由于中国没有加入《联合国道路交通公约》，在中国不能办理国际驾照，但南非是承认中国驾照的。如果想在南非驾车，可以办理公证件。

旧版中国驾照上没有英文信息，需办理有效公证书（英文版本）。持中国交管部门核发的驾驶执照原件，前往区以上公证处进行公证，之后持驾驶证原件及公证件到国家指定翻译机关翻译后即可在南非使用。新版中国驾照建议也到公证处进行公证，并到翻译机关做好翻译。在欧南非使用期间，必须随身携带中国驾照原件、公证件及翻译件。

Online Booking

预订
机票

中文：还有直飞到约翰内斯堡的机票吗？
英语：Are there direct flights to fly to Johannesburg?

去南非旅行，飞机票是一个首先需要考虑的问题。在办理好护照、签证，确定好自己的目的地、出发时间后就可以预订机票了。就前往南非机票的价格而言，一般是淡季比旺季便宜，提前预订比临时购买便宜，往返票比单程票便宜，转机比直飞便宜。虽是如此，但是转机花的时间长，而且到别的国家还要过境签证，比较麻烦。因此买机票避免转机又想比较便宜，就要提早预订、货比三家。如果行程已经确定好，那买往返票就更合算了。若是转机的话一定要事先留出2个小时以上的转机时间，以免误机或衔接不上。

South Africa

不懂外语怎么办？

1. 买票时注意直飞的飞机是 No Stop，转机的飞机是 One Stop，直飞的机票是 Direct Flight。

2. 有的便宜机票是不能改签（Non-changeable）和退换的（Non-refundable）。

提前多久订票合适

购买前往南非旅行的机票，提前的时间越长越好，建议最少提前1个月预订。如果提前2个月以上开始预订机票，才能有足够的时间去办理签证。不过现在很多航空公司和代理网站都会发出的"仅供办签证使用"的机票预订单，这个机票预订单只需到网站或航空公司预订一下机票（不需付钱）就可以取得，可以用这个办理签证。这样就避免了签证未签发但机票无法退的情况发生。

了解航空公司

中国与南非的航班很多，有转机也有直飞的，提供这些航班的航空公司有中国国际航空（CA）、南方航空公司（CZ）、东方航空公司（MU）以及南非航空公司（SAA）等运营。了解航空公司，之后就要了解自己的出发地和目的地之间的通航航线，了解大概的票价，然后在订票的时候就有衡量的标准了。游客可以通过机票搜索软件（ITA Airfare Search Software）查询航班班次以及票价。

航空公司官网订票

很多人都想不通过代理，自己去买机票，觉得那样比较放心，不怕被骗。自己订票可以到售票窗口，也可以到各大航空公司的网站预订。一般来说，到窗口购买很少有折扣，而到各大航空公司的网站预订是比较划算的。可以先在网上查一下票价的大概范围，然后到相应的航空公司网站查询、预订。大多数南非航空公司网站都有中文，但有的在开始订票之后就只有英文的。在支付机票钱时，最好用信用卡结算。

常用航空公司网站	
航空公司	**网址**
中国国际航空	www.airchina.com.cn
南方航空	www.csair.cn
东方航空	www.ceair.com
南非航空	www.flysaa.com

南非航空公司官网首页图解

（标注文字：南非航空公司标识、选择往返、单程、出发时间、返回时间、乘坐人数、机舱信息、预订、选择语言、预订住宿）

代理网站

除了在航空公司预订、购买机票之外，还可以在一些专门进行特价机票比对和销售的网站上预订。这些网站一般都能给出各个航空公司的特价机票，并提供代购。

口碑较好的机票代理网站	
公司	**网址**
携程网	www.ctrip.com
艺龙网	www.flight.elong.com
纵横天地旅行网	www.itour.com.cn
去哪儿	www.qunar.com

购买南非国内机票

　　如果你在南非的行程已经确定好了，就可以预订南非城市与城市之间的机票了。购买南非国内的机票一般提前15天左右就能买到合理价格的机票，有时提前21天也会有特别便宜的机票。在订票时可以咨询机场税、燃油费、保险、行李托运等问题，确认好之后再确定支付。

付款和确认

　　在付款时，最好是选用信用卡支付，减少支票等支付方式。只因为信用卡用购票意味着即时锁定票价，而支票往来的耽搁可能会带来更多有意无意地麻烦。同样，信用卡购买机票还可以享受到现金折扣和飞行保险等多种好处，但也要防止信用卡被盗用。在付款后，一般的专业订票网站都需要在出票前人工核对机票的行程和价格信息；在24小时之内会出票（周日除外）。旅客可以在订票当日或次日到航空公司的网站再次核对有关信息。此时，应该在比较明显的位置看到"已出票（Ticketed）"的字样；旅客也可以致电航空公司确认是否已经出票。在航班起飞之前3～5日，应该再次核对、确认。

乘坐飞机的注意事项

　　在买好票之后，要注意向自己购买机票的航空公司咨询携带行李的件数、重量和行李的尺寸。一般来说，行李限带1～2件，每件不得超过23千克，行李的尺寸总和不超过158厘米。随身行李一般是5～8千克，尺寸总和不超过115厘米。随身行李不能携带打火机、指甲刀等。在托运行李的时候，记得挂上行李条，可以在柜台询问是否需要上锁。如果是要转机的话，最好是办理"行李直挂"，这样行李就能直接到达目的地，而不用在转机的时候再托运。

行李准备

　　出国旅行前，肯定会带一些必备用品和选择性携带的物品，可以参考下表来准备自己出行的行李。旅行时，基本上带一个双肩背包、一个行李箱、一个手提电脑包、一个贴身口袋就足够了。

　　你可以带一些OTC（非处方药）药物，比如肠胃药、抗过敏药等；在南非使用的是标准的插头，因此旅行时，带一个全球通电源转换插头很有必要，几乎适用于所有的国家；再带个公牛插线板（不容易烧毁），最好是6孔以上的，外出旅行，相机、手机、电脑通常只

029

能晚上充电，白天的使用率又特别高，有个多孔的插线板会让你省心不少；最好在出国前开通手机卡国际漫游业务，也可到当地再买个可上网的优惠卡。

如果你想在南非游泳戏水，要带上泳衣和浴巾，还有防晒装备也是很有必要的。前往野生动物保护区时，建议好穿一些中性颜色的衣服，以免艳丽的装饰刺激动物，引起不必要的麻烦。

南非旅游行李清单		
类型	名称	备注
必备物品	护照	有效期是否有6个月
	旅行支票	下方签名处没有签名
	现金兰特/美元	少量即可，足够交通费与小费
	信用卡/银行卡	随身携带
	飞机票	确认出发日期和航线
	驾照及公证件	打算租车旅行的人
	国外旅行伤害保险	尽量购买国外旅行伤害保险
	内衣、袜子	2~3套
	舒适的鞋子	徒步、爬山
	睡袋或床单	用于露营，即使你不打算露营，在旅馆里使用自己的床单也会更省钱，睡袋是必需品
	游泳衣和毛巾	在洗温泉浴和去海边时用得到
	全球通电源转换插头	南非插座无法直接使用，需要转换插头
	常用多孔插线板	旅行时带的电子产品比较多，充电很有必要，所以带个插线板很方便
	洗漱用品	根据旅行时间长短携带
	相机、DV	旅行时用于记录各地美景
	笔记本电脑、手机	可以用于上网和联络外借
	基本药品	肠胃药、感冒药、创可贴以及消炎药等
	其他	防晒霜、剃须刀、护肤品、遮阳帽、太阳镜、电子词典、拖鞋
选择性携带物品	毛衣或外套	以备应付多变的天气
	其他衣物	中性颜色衣服，如棕色、米色和土黄色
	手表	最好是有双表盘的，以便于快速掌握国内外时间
	旅游书（各景点咨询）	全方面了解南非各大景点，很方便
	女性用品	女性朋友最好准备一点
	雨具	可以选择比较轻巧的折叠伞
	手电筒	在黑暗中找寻道路时使用

联系
住宿

　　去南非旅行，最好是提前预订好住宿地。提前预订住宿，不但能让自己在到达南非之后，不用慌乱地找住的地方，还能享受一些折扣。特别是在南非的旅游旺季，房价上涨很厉害，房源紧张，去了再找房间的话很难找到，就算找到了也很贵，因此提前预订是最好的办法。有的住宿地还提供到机场接送的服务，这样又能省去从机场坐车到市区的麻烦。在网上预订酒店，还能享受至少40%的折扣，如果交通方便，可以选择远离市中心的住宿地，这样住宿的费用会便宜很多。

选择语言，可用中文　　我的订单　　消息　　登录界面

Booking.com　　?　CNY　▦　Recently Seen　♥ My Lists　✉1　Sign in or creat

Start your next trip today!
Choose from over 574,000 hotels, apartments, villas and more ...

需求中的宾馆/
酒店名称

　Destination/Hotel Name:

　🔍 开普敦唯一酒店, 开普顿, 西开普省, 南非

入住时间/离开
时间

我还没有具体
的时间

住宿人数

Check-in Date　　　　　　　　Check-out Date
📅 Sun 28 ▾ December 2014 ▾　📅 Mon 5 ▾ January 2015 ▾

☐ I don't have specific dates yet

Guests 2 adults, 0 children ▾

▸ Additional search options

Search

搜索

Ⓐ Subscribe for a 10% discount
Unlock Member Deals and customized inspiration　　　⌄

Recommended for your next trip:
Stellenbosch 🇿🇦 127 places to stay

缤客网首页图解

031

eDreams标识

登录界面

往返、单程、多次

航班

住宿

假期

租车

出发地、到达地

出发时间

乘机人数

到达时间

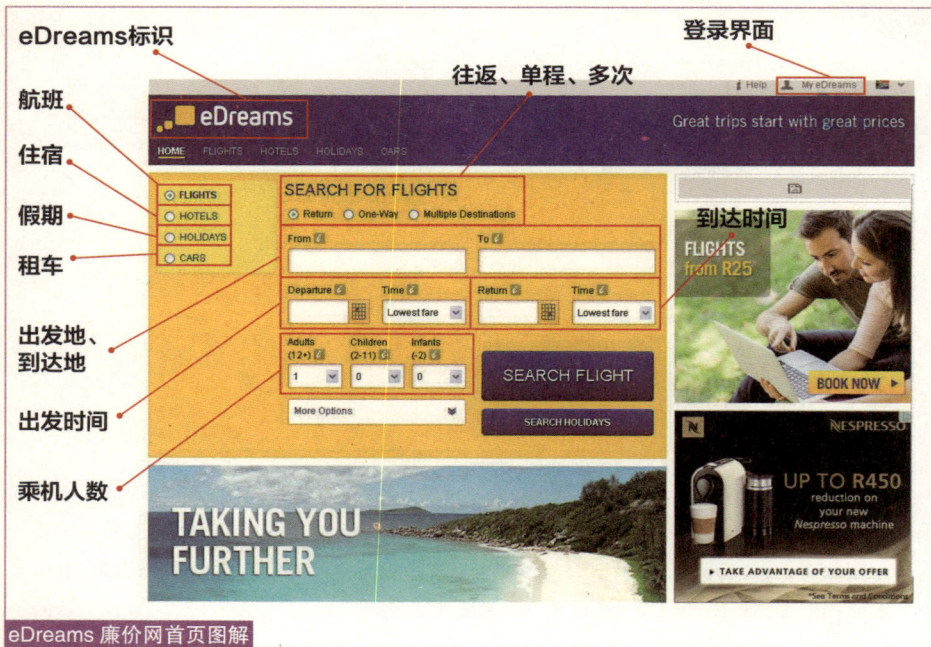

eDreams 廉价网首页图解

酒店预订网站推荐	
网址	特色
www.chinese.hostelworld.com	有中文界面，可以预定南非各地旅社，更可获得背包客旅店的最优价格和特惠
www.lastminutetravel.com	酒店预订，有折扣，并可查到航班、假日、餐馆、剧院和出行的优惠信息
www.booking.com	有中文网站，对国内游客来说使用起来非常方便，但它可选择的住宿地相对来说比较少
www.expedia.com.hk	在线对比、预订酒店，享受特优价格
www.hotels.cn	有南非酒店评论、详细描述、地图及高质量照片
www.travelocity.com	可查到南非各地廉价酒店、度假村及其他多种类型的住宿设施
www.laterooms.com	专门提供旅店预订
www.za.edreams.com	能搜索到南非的酒店和机票预订等
www.hotelclub.com	提供了全球141个国家的酒店，价格也是非常有竞争力的

德班海岸风光

Part2
熟记这些图标

　　对于第一次前往南非旅行的人来说，如果有一些图标可以让你快速认识南非的货币，有一些图标可以指引你乘坐南非的交通工具，还有一些图标能让你读懂南非的菜单，这就让南非之行变得更加简单了。而本章节的内容将为你解决这一切的难题。

货币图标

兰特标识

南非通用的货币称为兰特，由南非储备银行发行的货币，国际货币标识是ZAR。兰特目前流通的有纸币和铸币两种形式。

纸币

南非纸币图案以动物为主题，由南非储备银行印刷，设计简洁，主题突出，采用德国风格。南非纸币最独特的是动物头像的处理方式，虽然都是采用了手工雕版印刷，但南非纸币却针对不同的动物，采用了粗细不一的线条和印刷方式。例如50兰特的是只雄狮，主要采用细线条的细腻雕刻，表现出其鬃毛的柔软，而10兰特的犀牛，采用粗厚线条的雕刻，使其干燥结实的皮肤显得十分坚硬。除了大面积的动物头像雕刻区之外，在动物头像的左边都附有一幅小图，这幅小图采用了缩小及远景描绘的方法。这幅小图所产生的效果是"由小见大"，因为它直接反映了南非这个国度富饶的动物资源及各种动物的生活环境。

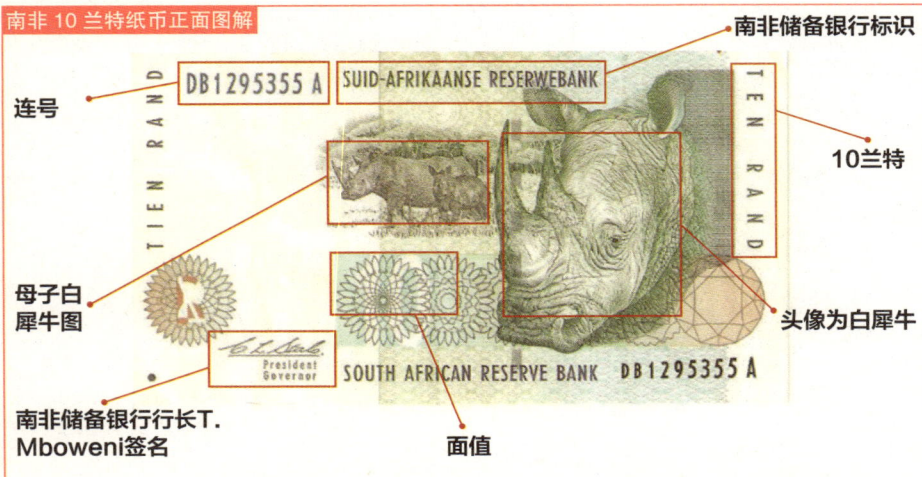

南非10兰特纸币正面图解

- 南非储备银行标识
- 连号 DB1295355 A SUID-AFRIKAANSE RESERWEBANK
- 10兰特
- 母子白犀牛图
- 头像为白犀牛
- 南非储备银行行长T. Mboweni签名
- 面值

硬币

南非的硬币数年来发生过很多变化，有至少有5种版本曾在市面上流通，背景主要是南非的国徽。正面则主要是各种动物。而现在在市面上流通的是以曼德拉肖像为背景的硬币。南非硬币上比较有趣的变化是各种语言的南非国名。感兴趣的话可以仔细研究一番。

兰特面值

南非旧版纸币正面为大象、狮子、猎豹、野牛和犀牛的"五大兽"图案，背面为经济发展主题，于1992年投入使用。南非新纸币面值分为200兰特、100兰特、50兰特、20兰特和10兰特5种，正面印有曼德拉头像，背面为"五大兽"——大象、狮子、猎豹、野牛和犀牛的图像，防伪标识也是曼德拉的头像。

兰特纸币对比					
版类	面值	正面	背面	正面图案	背面图案
1992年版	10兰特			犀牛	农业
	20兰特			大象	采矿业
	50兰特			狮子	加工提炼业
	100兰特			野牛	旅游业
	200兰特			猎豹	交通与通信业
2005年版	在原有纸钞基础上升级，动物主题不变、纸钞背面的经济发展主题不变、纸钞尺寸不变，仅仅添加了一些新的防伪措施；纸钞正下方的钻石图案主要是供盲人辨认纸钞面额用				

版类	面值	正面	背面	正面图案	背面图案
2012年版	10兰特			曼德拉头像	犀牛
	20兰特			曼德拉头像	大象
	50兰特			曼德拉头像	狮子
	100兰特			曼德拉头像	野牛
	200兰特			曼德拉头像	猎豹

硬币

南非目前流通的硬币有1、2、5、10、20、50分和1、2、5兰特。1兰特等于100分。

兰特汇率

截止到2015年8月，人民币与兰特的汇率为：1兰特≈0.4875人民币，1人民币≈2.0511兰特。

兑换兰特

去南非旅行，少不了要花钱，但人民币在南非是不适用的，必须要换成兰特才能使用。因此，会有怎么兑换兰特，在哪里兑换等问题。下面就来简要介绍一下兑换现金，使用旅行支票、信用卡等问题。

现金

去南非旅行，不需要携带太多的现金，可以带一部分现金，其余消费使用信用卡就可以了。如果觉得现金不够用，可以到南非后再兑换成现钞，但最好兑换一些小面额的兰特纸币。在南非，面值在20兰特以下的钞票比较常见和流通，小商店一般不太愿意收50兰特以上的钞票。而且零钱对于付小费、乘坐巴士等非常方便。

国内兑换

需要注意的是，兰特在中国不可以直接兑换，要在国内各大银行携本人身份证及有效证件，填写外汇兑换单交付现金，将人民币兑换成美元，到了南非再用美元兑换成兰特。

兑换美元时，每人每年有5万美元额度，同时1天只能提取1万美元现钞，但最好跟银行网点预约提取。从中国出境时，海关要求每人携带的美元现金不超过1万美元，如果确实有需要，则要到相关的外汇管理局申请外币携带证。

在南非兑换

在南非兑换货币，可以在大饭店、机场、商业银行等地兑换。美元兑换兰特的汇率有高有低，游客换汇前应"货比三家"。机场和大饭店的汇率不是很划算，但比较方便，大多24小时都可以兑换。汇率相对比较稳定的是商业银行，但是银行营业时间比较有限。

在南非如何使用 ATM 机

目前南非有部分ATM机及大型商店已开通银联卡受理业务，建议赴南非旅游的广大持卡人带上银联卡，不仅能在部分ATM机上方便地提取现金，在商户刷卡时走银联通道还能节省1%~2%的货币转换费。南非的ATM机目前尚无中文界面，可选择英文作为提示语言。

在南非、华人开的店铺一般只收现金，其他较大超市、酒店、购物中心普遍接受信用卡，目前，南非第一国民银行（FNB）和SBSA银行的ATM机上可使用银联卡提取当地货币（兰特）或查询余额，但银联卡在南非的使用尚在推广阶段，仅为数不多的大型商店可使用。维萨卡（VISA）万事达卡（MASTERCARD）及AE美国运通卡也可在当地使用。

南非主要银行及LOGO		
中文名称	外文名称	银行LOGO
南非标准银行	Standard Bank，或Stanbic Bank	Stanbic Bank A member of Standard Bank Group
南非储备银行	The South African Reserve Bank	South African Reserve Bank
南非第一国民银行	First National Bank of South Africa（FNB）	FNB First National Bank
南非第一兰德银行	First Rand Bank Limited	FIRSTRAND

建行双币借记卡客户(含VISA/Master Card理财卡、VISA/Master Card龙卡通)在南非境内FNB（南非第一国民银行）的ATM上取现时，无须再向银行缴纳相关取现手续费；同时，FNB的部分客户可在建行ATM上享受同等服务。

自动取款标识

南非标准银行标识

显示屏

密码盘

插卡口

从这里取走你的现金

南非标准银行 ATM 机图解

取款步骤

① 找到取款机

② 插入银行卡

游遍南非

③ 选择账户类型

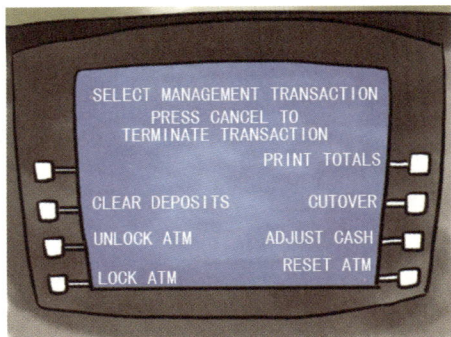

```
SELECT MANAGEMENT TRANSACTION
    PRESS CANCEL TO
  TERMINATE TRANSACTION

                PRINT TOTALS

CLEAR DEPOSITS      CUTOVER

UNLOCK ATM       ADJUST CASH

LOCK ATM           RESET ATM
```

④ 输入密码

tips 小贴士

Visa、万事达等双标卡在南非标准银行的ATM上取款无法走银联网络。由于信用卡取款需支付透支利息，建议境外取款使用银联借记卡。

South Africa 不懂外语怎么办?

1. 南非的自动取款机上大多都有 ATM、Cash Point、Cash Machines 等字样。

2. 当你看见 ATM 机上有 LINK、Visa、Master Card、AMEX、Plus 等标识，其中一个标识与你的银行卡上的标识相同，即可以取款。

⑤ 取现金

⑥ 取卡

银行营业时间

南非绝大多数银行的营业时间为周一至周五9：00～15：30，周六8：30～11：00，周日休息。小镇上的银行通常13：00～14：00休息，但在公共假日，所有的银行都不营业。

041

就餐图标

中文：我需要一份卡鲁羊肉。
英语：I kudingeka Karoo lamb.

餐厅

　　南非是一个美食汇聚的国家，它不仅有自己的特色美食，如鸵鸟炖肉、海鲜大餐、咖喱角、马来菜等，这里还有很多其他国家的美食，如中国美食、法国美食、美国美食等。因此，南非除了本地风味的餐厅外，还有很多供应其他国家美食的餐厅。此外，南非还有快餐厅、自助餐厅等，这些都是就餐的好去处。南非有不少有高品质的服务、优雅的就餐环境、美味的菜肴的餐厅，如果找到那样的餐厅一定要品尝一顿地道的南非大餐。

正式餐厅

　　南非的正式餐厅除了南非的特色餐厅之外，还有法国、日本、希腊、瑞典、中国等国家的风味餐厅。这些餐厅在规模、设施上可能都不一样，如果你想了解南非各个城市的餐厅的消费，可以查阅该城市杂志上的餐厅一览表。南非最出名的本土食物是海鲜和玉米等，本地南非餐馆都会提供，也可以试试餐厅的前菜，同样是非常美味的；餐厅消费一般都很低，花很少的钱在南非就可以吃一顿大餐。一般在正餐厅用餐，有服务员为你服务，都要适当给一些小费。

▲意大利风格餐厅

▲本地餐厅

▲希腊风格餐厅

▲弗雷德－葡萄酒庄园

自助餐厅

　　如果你不知道在正式餐厅里该怎么点菜或外语不是很好的话，可以到南非现在非常流行的自助餐厅用餐，这种餐厅对初到南非、外语不熟练、点菜有困难的游客是再适合不过了。自助餐厅的柜台上，摆满了各种菜肴、水果、甜点、沙拉等，你只需端着盘子到柜台前随意拿取，然后到柜台一端的收款处结账就行了。结完账之后就可以端着自己挑选的菜肴去寻找座位。这种就餐方式既方便又快捷，还便宜。

其他提供食物的地方

在南非，除了正餐厅、快餐厅、自助餐厅，还有很多提供食物的地方，如街边的熟食店，商场或连锁大超市等，开普敦卡文迪什广场的美食区内有很多即食的食品，有烤面包、三明治等各种主食，还有各种酸奶水果等。此外，南非的咖啡馆、酒吧、茶馆都提供简餐。咖啡馆和茶馆提供煎蛋、三明治、甜点等，酒吧大多提供油炸食品如炸鱼薯条等。

▲ 南非的咖啡店

用餐

在南非用餐，首先要知道南非人一天都吃些什么。其次，在用餐时有什么礼仪需要注意等。去比较正式的餐厅用餐要穿着得体，很多餐厅都有服装要求（Dress Code），特别是高档餐厅，穿休闲装是一定不行的。

南非人的一天三餐

南非人吃早餐的时间一般在7：00～8：00，午餐一般在中午12：00～14：00，晚餐一般在18：00～19：00。早餐以果汁、牛乳、麦片、烤面包以及咖啡等简便食品为主。午餐时学生与上班族很少回家吃饭，而是从家里带餐点来，故相比较而言，南非人的午餐是三餐中最简单的，蔬菜沙拉、三明治、汉堡或馅饼、热狗等，再来一杯饮料就可以了。晚餐一般都比较丰富，所以人们称之为大餐。在晚饭时一般都会先来一份果汁或是浓汤，然后再上主菜，常摆在餐桌上的主菜有牛排、猪排、烤牛腩、炸鸡、炸虾、火腿和烤羊排等。多数的南非人喜欢在吃完晚饭后再来一些甜食，比如蛋糕、冰激凌和巧克力。

在餐厅用餐的顺序

在南非就餐，不像国内，进去之后觉得价格、环境不满意还可以出来，或者是自己找座位。在南非的餐厅就餐，是有一定步骤的。

1 看价格

南非的餐厅一般都会把部分菜单和价格写在餐厅外，你到一个餐厅的时候，可以先在门口看看菜单和价格，衡量一下自己能不能接受，能接受则进去。不过，在去一些高级餐厅之前，都需要先预订，到了预订的时间到餐厅玄关或前台处等着带位就可以了。

2 服务生带位

如果决定在这家餐厅用餐，就要在入口处由服务生来引导你进入餐厅，不管餐厅有没有"Please Wait to be Seated"的牌子，都应该等一等。

3 入座

当服务生带你进餐厅之后，会带你到一个餐桌前，一旦入座之后就不能随意调换。如果你想坐某个餐位，或想换位置，一定要提前告诉服务生，并得到他的同意。

4 看菜单

入座之后，服务生就会递上菜单，并会问你需要什么酒水或饮料。点完饮料后才会离开让你有时间研究菜单。如果不想要酒或者饮料，可以要水，不过餐厅中的水大多需要付费，可选择含气泡矿泉水（Sparkling Water）或不含气泡水（Still Water），若不想付费喝水，也可尝试问一下是否提供免费的水（Tap Water）。

素菜

Vegetarian Dishes

30兰特

沙拉
香菜、番茄、洋葱、黄瓜、辣椒（青/黄/红）、羊奶酪、胡萝卜和橄榄

Salad
Herb lettuce, tomatoes, onion, cucumber, peppers green/yellow/red, feta cheese, carrots & olives — R 30.00

蔬菜千层面
意大利千层面，铺上烤熟的时令蔬菜，浇上融化奶酪

Vegetable Lasagne
Layers of lasagne and garden fresh seasonal vegetables baked with a tangy sauce and topped with melted cheese — R 55.00

Spinach Tagliatelle
Tagliatelli pasta topped with a creamy cheese or mushroom sauce — R 50.00

蔬菜拼盘
3种时令蔬菜

Vegetable Platter
3 Vegetables in Season — R 30.00

Vegetable Curry
Served on a bed of basmati rice — R 50.00

蔬菜咖喱
浇在印度香米上

意大利干面条
意大利干面条上面淋上乳酪、烤蘑菇

南非的菜单图解

⑥ 点菜

　　服务生离开后，你就有时间研究菜单了。点餐时可以选择单点，也可以选择全部点完。单点一般是前菜（沙拉、汤、小吃等）、主菜（牛排、烤肉、鸡肉等）、配菜（蔬菜）、甜点（蛋糕、冰激凌、点心等）的顺序。点菜时可以告诉服务生你的口味和喜好，如牛排要几分熟的等。

⑦ 用餐

　　用餐时，一般都吃得比较慢，上菜的话，也会等一道菜吃完，服务生撤走盘子才会再上另一道菜。在进餐过程中，服务员至少会主动过来一次，会问菜是否可口"How do you like it"，是否需要加酒水等。你可以回答I like it、Very good、Perfect等。

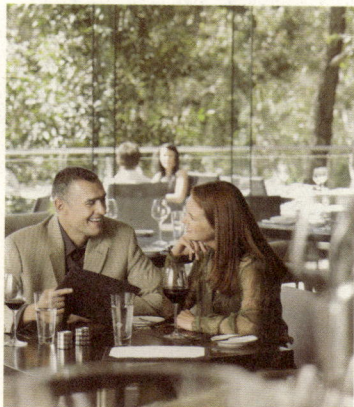

结账

　　用完餐后在座位上向服务生示意，服务生就会过来结账。除非账单上已标明服务费内含（Service Included），否则在餐厅用餐一般都给10%～15%的小费，也不用太仔细计算，通常是找回的零钱留下或补整数，如果是信用卡结账，直接在签名时写上小费金额再加总即可。如果是两人或多人用餐，服务生可能会问Do you want separate checks? 你想分开付的话可以说We want to separate check，如果不想就可以回答Together或One Check。

住宿图标

中文：我需要一个标准房间。
英语：I need a standard room.

宾馆

　　南非的住宿种类繁多，除了星级酒店、度假公寓、海边别墅、汽车旅馆、青年旅舍外，还有别具南非特色的狩猎茅屋，以及在灌木丛中或是国家公园里最接近自然的露营。在南非，不同类型的住宿场所其价格有多差异，但一般都比较实惠。此外，南非的住宿环境一般较好，并且服务较好，因而那些形色各异的住宿地吸引了各种需求的旅行者的眼球。酒店内一般不提供牙膏、牙刷、梳子、拖鞋、剃须刀等个人用品，因此这些自己都要提前准备好。

星级酒店

　　南非的酒店与其他国家一样，是有星级标准的。但在选择酒店时，最好不要只以星级来评定一个酒店的好坏。一般五星级酒店的环境和设施都很好，但价格贵，而且不能够感受到南非的民俗。如果要选择星级酒店的话，最好选择二星或三星的，价格合适，环境也不差，而且可以和老板进行交流，比较温馨。

自炊式旅馆

南非很适合家庭旅行，一家人如果想要进一步感受当地文人风情，便可选择自炊式旅馆了。这种旅馆在南非很常见，通常位于农场之中，距离海滩也非常近。在这种旅店中入住，住宿伙食需要自理，但价钱相当划算，一家人住的全部费用相当于一间酒店客房的价格，尤其适合于连续几晚都要待在一起的家庭。一家人可在旅店中陪孩子一同玩耍，累了后能够舒适的休息。如果自己不想做饭，那么可付费，让老板帮你准备好食物。

青年旅舍

青年旅舍无论在任何国家都广泛遍布在各个城市，有的甚至就在景点附近，价格实惠，适合背包旅客。这种国际青年旅舍价格优惠，内部设施非常齐全，但多数为公共设施。去南非旅游，选择入住青年旅舍无疑是一种很实惠的住宿方式，在前往南非之前，可在国内通过www.yhachina.com办理一张国际青年旅舍会员卡，然后在网站上预订好房间，这样在抵达后便可直接入住。

B&B旅馆

B&B旅店是一种比较独特的住宿地，提供的设施简洁，并且提供早餐，很受游客欢迎。这种酒店同青年旅馆一样，会遇到很多志同道合的驴友，在南非这个多元化的住宿环境中，B&B无疑是那些主要想体验景点，重在路上游玩的旅客的不二选择。

帐篷旅馆

帐篷旅馆是最具南非特色的旅馆之一，是无数探险者十分喜爱的住宿方式。帐篷旅馆大多位于南非的国家公园或野生动物保护区中，在这样独一无二的自然环境中休息，感受南非最质朴而又贴近自然的氛围，那种优越感简直无法言喻。这种旅馆能够满足你的感官享受，是一种特殊的体验，但是消费较高。

卫生间

说到卫生间，可能会觉得这是小事，但当你到了一个陌生的地方，当你有需要的时候，生活的小细节就变成了旅行生活中的大事。在去南非旅行之前，先做做功课，了解一下南非的卫生间的相关信息，一定能对你的旅行生活有很大的帮助。

景点、商场等场所内的卫生间

　　南非街头的卫生间（Toilet）少之又少，在南非的市区和郊区，不像国内一样，会设立公共卫生间。但在南非的公共场所，如车站、商场、超市、餐厅、大学以及各大景点内都设有卫生间。这些卫生间一般都是免费的，极个别是收费的。这些卫生间大多设施齐全，不仅有卫生纸、洗手液等，还有悬挂和放置衣物、雨伞、包的地方。

▲ 常见的卫生间标识

▲ 乡村路边的女卫生间

乡村的卫生间

　　南非乡村的卫生间比起城市里面的来说就要简单很多，数量也少，需要仔细地寻找，内部的设施比较简单，大多数只有马桶本体、废纸篓等。

其他场所的卫生间

　　南非其他场所的卫生间会有让人眼前一亮的感觉。有的卫生间位于餐厅内，很复古，极具有艺术气息，并与餐厅的格调一致。有的卫生间标识独树一帜，男卫生间用长头发男性的图表示，女卫生间用短头发、戴项圈的图表示。还有的卫生间标识巧用动物元素，比如鸵鸟场的卫生间标识是两只不完全像鸵鸟的动物，狮子园的卫生间标识就是简单的公狮子（Lions），母狮子（Lioness）的英文。游客若是要用卫生间，可得仔细辨认，千万别进错了。

▲ 花园大道某小镇餐厅里的男卫生间

▲ 狮子公园里的男卫生间

049

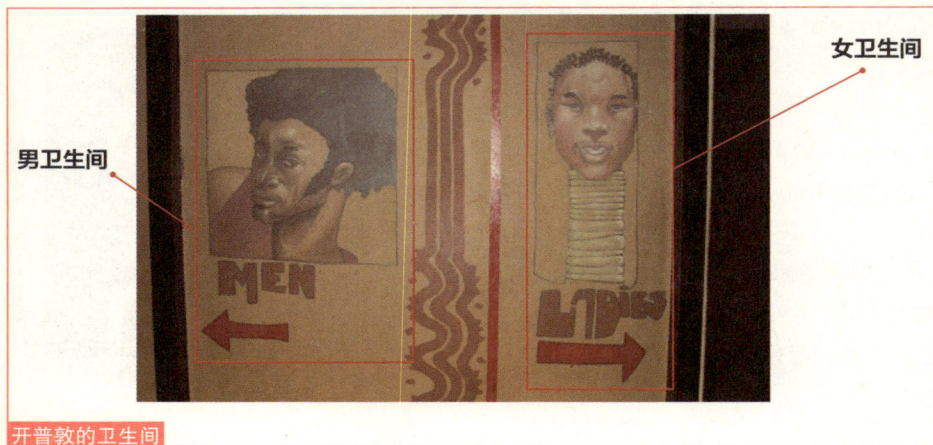

男卫生间

女卫生间

开普敦的卫生间

女卫生间

男卫生间

狮子园的卫生间

鸵鸟场的女卫生间

鸵鸟场的男卫生间

会中文就会说英语		
英文	**读法**	**中文**
Hello, I'd like to check in please	Halou, aide laike tu chaike yin pulisi	你好,我想入住贵酒店
I want a double room with a bath	Ai wangte e dabao rumu weizi e beisi	我要一间有浴室的双人房
How much a day do you charge	Hao machi e dei du you chazhi	每天收费多少
It is hundred Dollars a day including heating fee, but excluding service charge	Yite yizi hangzhuaide daolesi e dei yinkeluding hiting fei, bate ikesikeluding sewaisi chazhi	100美元一天,包括供暖费但不包括服务费
How long do you intend to stay in this hotel	Haolang duyou yin tande tu sidei yin zeisi houteiou	你准备住多久
Have you got through with the check—in procedure	Haiwu you gaote sirou weizi ze chaike—yin puraodiuwo	你是否已经办妥住宿登记手续
This is a receipt for paying in advance. Please keep it	Zeisi yisi e raisei peite fao peiyin yin edewangsi, pulisi kipu yite	这是预付款收据,请收好
Good afternoon, my room number is 321. Any mail for me	Gude afute nun, mai rumu nangbo is sirui tu wang, annei meier fao mi	下午好!我的房号是321,有我的信吗
Have you any vacant (spare) room in the hotel	Haiwu you annei weikente (sibaier) rumu yin ze houteiou	旅馆里有空余房间吗
Are you checking out tomorrow	Ayou chaike yin aote temaorou	你是明天退房吗
Will you need a wake—up call, sir	Weier you nide e weike apu kao, se	先生你需要唤醒服务吗
Good evening, I have a reservation under the name of Tomlinson	Gude iwenning, ai haiwu e raiseweishen angde ze neimu oufu tangmulinsen	晚上好,我有预订,名字是Tomlinson
I'd like a non—smoking room, please	Aide laike e nang—simouking rumu pulisi	请给我一间无烟房间
I'd like to check in, please	Aide laike tu chaike yin pulisi	我想入住
Breakfast is served between 8 a.m. and 9 a.m.	Buruike fesite yisi sewude bitun eite ande naian	早餐是早晨8点到9点

交通图标

机场

中文：哪里有机场大巴站？
英语：Where are airport bus stations?

　　机场是去南非第一个到达的地方，因而认识机场的图标是非常有必要的。南非的各大城市都有国际机场，如德班国际机场、开普敦国际机场和约翰内斯堡国际机场等。这些机场都比较大而且比较繁忙，特别是约翰内斯堡国际机场，机场内有通信设备、商店、租车点、巴士站台、停车场、酒店和旅游咨询处等，同时机场还设有商务中心和24小时医务诊所、小教堂和婴儿室等设施。机场虽大，但标识和路牌都特别清楚，只是标识大都是外文，如果看不懂也非常麻烦。下面就以约翰内斯堡国际机场为例来认识一下这些图标吧。

从我国大陆去往南非的大部分游客到达的机场都是约翰内斯堡国际机场（全称奥利弗·雷金纳德·坦博国际机场），所以事先了解一下机场航站楼的位置就很有必要了。除此之外，还有必要了解一下机场的长途汽车站、火车站的位置等信息，方便从机场前往市区。

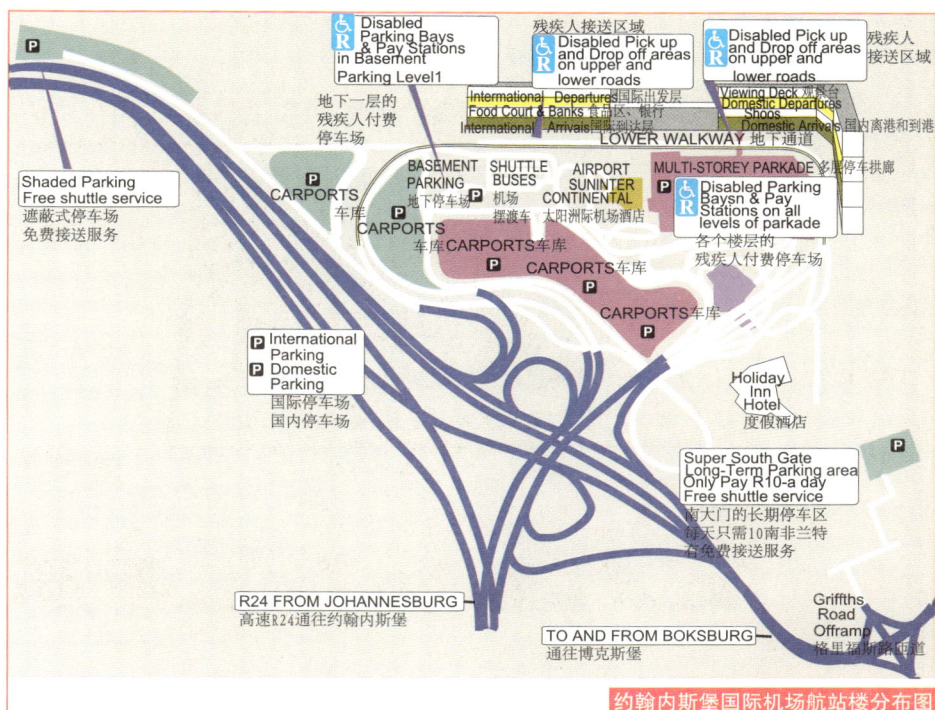

Part 2 熟记这些图标

Disabled Parking Bays & Pay Stations in Basement Parking Level1
残疾人接送区域
Disabled Pick up and Drop off areas on upper and lower roads
Disabled Pick up and Drop off areas on upper and lower roads
残疾人接送区域
地下一层的残疾人付费停车场
International Departures 国际出发层
Food Court & Banks 食品区、银行
International Arrivals 国际到达层
Viewing Deck 观景台
Domestic Departures 国内出发层
Shoos
Domestic Arrivals 国内离港和到港
LOWER WALKWAY 地下通道
MULTI-STOREY PARKADE 多层停车拱廊
Shaded Parking Free shuttle service
遮蔽式停车场 免费接送服务
CARPORTS 车库
BASEMENT PARKING 地下停车场
SHUTTLE BUSES 机场摆渡车
AIRPORT SUNINTER CONTINENTAL 太阳洲机场酒店
Disabled Parking Baysn & Pay Stations on all levels of parkade
各个楼层的残疾人付费停车场
CARPORTS 车库
CARPORTS 车库
CARPORTS 车库
CARPORTS 车库
International Parking
Domestic Parking
国际停车场
国内停车场
Holiday Inn Hotel 度假酒店
Super South Gate Long-Term Parking area Only Pay R10-a day Free shuttle service
南大门的长期停车区 每天只需10南非兰特 有免费接送服务
R24 FROM JOHANNESBURG
高速R24通往约翰内斯堡
TO AND FROM BOKSBURG
通往博克斯堡
Griffths Road Offramp 格里福斯路匝道

约翰内斯堡国际机场航站楼分布图

约翰内斯堡国际机场非常大，在机场想了解飞机的起飞和到达信息，可以直接看Departures Information和Arrivals的电子显示屏，特别是在离境回国时，一定要多注意Departures Information电子显示屏，你可以在上面找到自己所乘航班的相关信息，如飞机起飞时间、登机等信息。

约翰内斯堡机场出发显示屏

在下飞机之后，可以沿着标有"Arrival"标识的方向去接受入境检查（Immigration）。南非机场需要检查游客是否携带了违禁品枪支弹药等，通常沿着入境的指示牌前行，看到检查枪支的图标，就知道自己基本入境南非了。如果要转机或过境，就要寻找Transfer或Transit的指示标了。在机场中过了入境检查和海关检查之后，就正式到南非了。如果有什么不明白的，可以去咨询台询问。

游遍南非

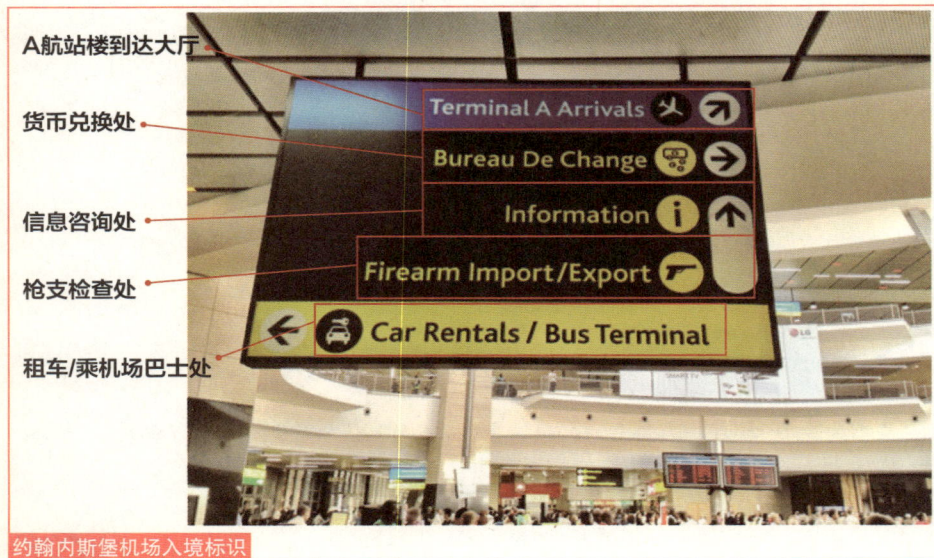

A航站楼到达大厅
货币兑换处
信息咨询处
枪支检查处
租车/乘机场巴士处

Terminal A Arrivals
Bureau De Change
Information
Firearm Import/Export
Car Rentals / Bus Terminal

约翰内斯堡机场入境标识

tips 小贴士

约翰内斯堡机场是全世界公认不够让人称心的机场之一，其原因多样。从中国前往约翰内斯堡机场的游客，有过尾随抢劫、敲诈等经历，所以要多加小心。回国登机时，只有身着工作制服、戴着工作牌的人，才有资格检查你的护照，别人根本没有权利检查你的护照。如果你不幸遇到有人以此法敲诈几百美元，那也一定要冷静，可以讨价还价争取减少损失。另外尤其注意，要防止被抢，特别严防在离开机场时被不明身份车辆跟踪尾随。如遇紧急情况，要及时报警（电话10111）并与驻约堡总领馆（071-5111494）联系寻求协助。

登机时间
登机口
座位号
航班号
乘机人姓名
出发地：华盛顿机场
到达地：约翰内斯堡机场
登机日期
出发时间

BOARDING PASS:
SA208 16:40 B39 4H C/J 4H
BUSINESS CLASS

南非机票图解

登机常用英语

中文	英文	中文	英文
国际机场	International Airport	国内机场	Domestic Airport
机场费	Airport Tee	出站（出港、离开）	Departures
登机手续办理	Check-in	登机牌	Boarding Pass（card）
机场候机楼	Airport Terminal	国际候机楼	International Terminal
行李领取处	Luggage Claim，Baggage Claim	护照检查处	Passport Control Immigration
国际航班出港	International Departure	国内航班出站	Domestic Departure
国际航班旅客	International Passengers	卫星楼	Satellite
中转	Transfers	中转旅客	Transfer Passengers
中转处	Transfer Correspondence	过境	Transit
出口	Exit，Out，Way Out	进站（进港、到达）	Arrivals
报关物品	Goods To Declare	不需报关	Nothing to Declare
海关	Customs	购票处	Ticket Office
登机口	Gate，Departure Gate	付款处	Cash
候机室	Departure Lounge	出租车	Taxi
航班号	FLT No（Flight Number）	出租车乘车点	Taxipick-up Point
来自	Arriving From	大轿车乘车点	Coachpick-up Point
预计时间	Scheduled Time（SCHED）	航空公司汽车服务处	Airline Coach Service
实际时间	Actual	租车处（旅客自己驾车）	Car Hire
已降落	Landed	公共汽车	Bus，Coach Service
前往	Departure to	公用电话	Public Phone，Telephone
起飞时间	Departure Time	延误	Delayed
登机	Boarding	由此乘电梯前往登机	Stairs and Lifts to Departures
厕所	Toilet，Lavatories，Restroom	男厕	Men's，gent's，Gentlemen's
女厕	Women's，Lady's	餐厅	Restaurant
迎宾处	Greeting Arriving	酒吧	Bar
贵宾室	V．I．P．Room	咖啡馆	Coffee Shop，Cafe
由此上楼	Up；Upstairs	由此下楼	Down，Downstairs
免税店	Duty-Free Shop	邮局	Post Office
银行	Bank	货币兑换处	Money Exchange；Currency Exchange
出售火车票	Rail Ticket	订旅馆	Hotel Reservation
旅行安排	Tour Arrangement	行李暂存箱	Luggage Locker

055

中文：给我一张去开普敦的卧铺车票
英语：Give me a sleeper ticket to go to Cape Town

火车

南非是非洲相对发达的国家，交通十分便利，很多人旅行都会选择飞机、长途汽车、自驾车等，很少有人会选择速度较慢的火车。但南非的火车环境很好，而且能够带游客看见南非大陆的各种风景，别有一份风情。

▲ 南非国铁

国铁路线

火车在南非属于来往于各城市之间的交通工具，便宜且便捷，在南非搭乘火车旅行同飞机一样舒适。南非的火车站大多位于市中心，车票随到随买，所有的火车都通宵运行，乘坐起来比较便捷。南非的火车由Shosholoza Meyl公司运营，可在其官网www.shosholozameyl.co.za上预订车票，或拨打0860-008888预订任何车次的车票。

常用火车路线	
路线	信息
约翰内斯堡到开普敦	每周一、二、五、日有火车前往，运行时间27小时
约翰内斯堡到德班	周一至周五、周日每日往返，运行时间13个小时
约翰内斯堡到伊丽莎白港	周日、周一和周五往返，运行时间20小时
蓝色列车	比勒陀利亚和开普敦之间的定期列车，车程一天一夜，偶尔也开往德班和皮拉内山禁猎区，可在www.bluetrain.co.za上查询信息
"非洲之傲"列车	往返于比勒陀利亚和开普敦，偶尔开往维多利亚瀑布，具体信息可在www.rovos.co.za上查询
Premier Classe	从约翰内斯堡到开普敦、约翰内斯堡到德班运行的一种高端列车，附加"SPA车厢"，也可以将汽车放上火车，返程时可以选择自驾

火车环境

　　南非火车内的环境相对来说比较好，干净整洁，豪华的卧铺车厢还有淋浴间，并且提供免费的沐浴用品。普通卧铺车厢白天可将上铺收起来，供游客舒适乘坐。硬座车厢的环境相对来说艰苦一点，但是提供的座椅是软软的皮椅，加上车上人比较少，没有拥挤杂乱的感觉。

▲卧铺车厢环境

▲硬座车厢环境

▲卧铺车厢的浴室

"非洲之傲"列车

南非的"非洲之傲"列车（African Pride）被美国《国家地理》杂志评为"世界十大最豪华列车之一"，堪称铁轨上的邮轮，全车只能乘坐72名尊贵的乘客。你可以随具有英国维多利亚式复古情怀的"非洲之傲"列车遍游彩虹国度南非，也可以选择乘坐长线行程前往维多利亚瀑布、纳米比亚、坦桑尼亚等美丽的南部非洲国家。不管是车窗外的壮丽景色，沿途安排的多彩旅游，还是在野生动物保护区的探险经历都是独一无二的非洲旅游体验。当然，"非洲之傲"列车还有很多的主题行程，比如"高尔夫之旅""野生动物探寻之旅""南非花园大道之旅""纳米比亚之旅""坦桑尼亚之旅"等，时间从一天一夜到两周。

▲ "非洲之傲"列车外观

▲ "非洲之傲"列车的餐厅

▲ "非洲之傲"列车的观景车厢

tips 小贴士

乘坐"非洲之傲"火车，需要注意以下几点：

天气：南非季节与中国相反，常年温度在15℃～25℃，紫外线强度很高，要准备防晒用品。

费用："非洲之傲"的价格不菲，因列车行程的不同价格在2万～4万元人民币。但除礼品店外，所有服务包括景区游览费用都包含在车票内。

提醒：因为列车的班次固定，且能容纳的游客较少，因此至少需要提前3个月预订。

乘车礼仪：晚餐要着正装，切忌大声喧哗，吸烟只可在自己包房内。

游遍南非

如何搭乘火车

1 **在车站或网上买票**

　　南非火车因时间段、路段的不同而实行不同的票价，而且火车内座席和卧铺的票价也不同，一般卧铺的价格是座席的几倍，因而在买票之前先确定好自己的乘坐时间和乘坐席别。南非乘坐火车的人少，在火车站基本能买到票的，如果行程安排很明确，可以提前7天以上时间预订火车票，这样会比上车前购买便宜很多。售票处一般在列车出发前20分钟停止售票。现在南非很多火车站的设施都很好，有自动购票机、火车时刻查询表，还有根据人身高不同设置的饮用水龙头等，非常方便。

▲南非蓝色列车的火车票

2 **到达火车站**

　　拿到火车票后，应该在火车出发前1小时左右到达车站，熟悉候车室、乘车站台等，如果没有进餐而恰逢饭点，可以在车站找一个地方美餐一顿，想要上车后再就餐也可以。之后就可以排队等待上车了。乘坐"非洲之傲"列车的乘客，拥有更多特权，他们到达站后，只需要登记，将行李交给工作人员，就可以闲逛、拍照等。等到发车信息发出后，跟随工作人员直接到达自己所在车厢即可。

▲"非洲之傲"私家车站

▲开普敦中央火车站内部

③ 检票上车

　　火车停在站台后，检票员就会开闸检票，乘客拿着车票交给检票员，简单核对车票信息和身份证件的一致性后，就可以登上火车。上火车后，安置好自己的行李，根据情况选择休息或者消遣。

▲检票上车

④ 到站

　　火车到站后，拿好行李，下车，出站，即算完成了行程。不过要注意不要在错误的站点下了车，所以了解自己站点前有多少站很重要，这样火车每次停车，都可以减少一个数字，等到减为0的时候，就是自己需要下车的站点了。下车前先用1分钟确认这是自己下车的站台，无论是向身边人询问，还是查看站台上的站名，都不失为好办法。

▲南非希尔顿火车站

长途汽车

中文：这趟长途汽车什么时候到站
英语：When does this coach get to the station

从约翰内斯堡、开普敦等中心城市出发，乘坐长途汽车几乎可以到达任何南非的其他城市。约翰内斯堡到开普敦的长途汽车运行时间约20小时，票价400～700兰特。同一公司的巴士票价也会有很大差别，周末比较贵，越早预订折扣越大。

▲开普敦市中心的长途汽车

南非的长途汽车非常豪华，座位很宽敞，前面的乘客即使把靠背放到最低也不会影响到后面的人，而且从座椅下面还可以拉出来一个连体小凳子，据说是按人体工学设计的，这样乘客整个身体都可以舒展开，舒适地乘坐8个小时不在话下。

▲约翰内斯堡的长途汽车内部

坐在舒适的长途汽车上，还可以沿途观光南非的美景，一路田园风光、蓝天、白云、草原不时从眼前掠过，还可以看到放养的牛马，没人管它们怎么活动，所以可见满山头的牛、马在自由地吃草、睡觉、嬉戏。司机和乘客都不担心它们会跑到公路上来，因为农场主早已用铁丝网把属于自己的土地圈了起来。

▲乘坐长途汽车沿途的风光

061

在南非需要乘坐长途汽车的游客，一定要注意，在上车前准备足够的饮用水和方便食品，如果有保温杯装着热水就更好了，这样就不会在车上忍饥挨饿。

还要牢记，司机让下车方便的时候，如果有需要，一定要眼疾手快地解决，并且快速地回车上来。防止司机与其他车的司机并车（即本车厢的乘客要去另一辆车上，或另一辆车上的乘客要到自己的车厢上），如果自己不在现场，形势就非常不利，没有座位是小事，最怕司机不清点人数，直接开车走人，把人遗留在荒郊野外。

公交车

南非各个城市的公交车都非常方便，但因为南非多数人都有私家车，并且其他交通工具也不少，因此乘公交车的人并不多。而且南非的公交车并不如国内的公交车那么大，一般都是两开门的，前门上，后门下。乘坐公交车时一般都有座，很少有人站着。在南非最受游客欢迎的市内公交车莫过于双层的城市观光车了。

▲ 开普敦市中心的公交车

如何乘坐公交车

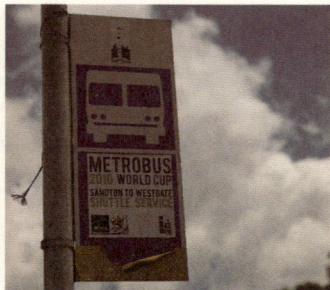
▲ 约翰内斯堡的公交车站

① **找到公交车站**

南非公交车站一般没有醒目的站牌，很多公交车站都没有站名，一般都是在路边放一个很简单的"BUS STOP"的标识，小车站的站牌上最多贴个时间表，大一点的换乘站才会有像样的站牌，有的城市里在大点的站才会设有电子显示器即时显示公车到达时间。

② **乘车和买票**

南非的公交车车站没有站名，所有的车辆都是从中心向周边分散行驶，所以在乘坐公交车时，要自己注意站多。至于车票，南非当地人通常会使用月票小本，每次上车撕一张给司机，并告诉司机要去哪，司机便会根据相应的距离收费，通常为4兰特起步。

▲ 约翰内斯堡城市观光车售票咨询处

游遍南非

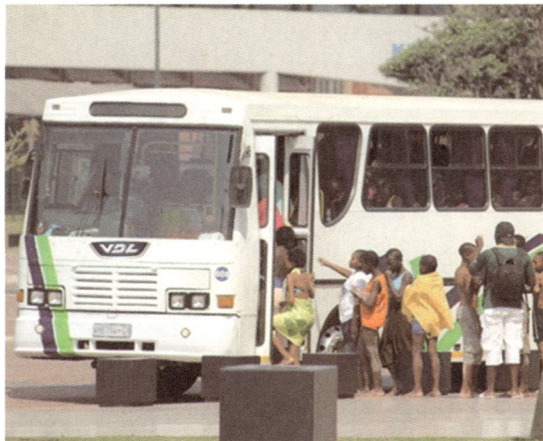
▲约翰内斯堡的公交车上车

③ 向司机询问车站信息

南非的公交车都很准时，基本上每到一站都会有比较准确的时间。但公交车不是每一站都停，车上也很少有报站，只有一些比较大的公交车站才会报站。如果你怕坐过站，可以询问司机，可以请他在到达你所要下的那一站时通知你一声。南非的公交车司机都是非常热情的，在车上可以问他们一些问题。

④ 下车

下车时通知司机，司机知道你要下车了才会停下来。下车时需要注意后方的车辆。

出租车

南非的出租车有传统的出租车，也有比较现代化的。出租车内部与国内的出租车内部结构一样，车内的座位为两排，一般都可以坐5个人（包括司机），也有可容7人的大型车辆，车的后备厢还可以放大件的行李。

▲开普敦市中心的出租车

不同类型的出租车

南非的出租车上有计价器，可以在街上招手停车，只要车顶上的"TAXI"灯及副驾驶旁的"FOR HIRE"灯均亮着，那么就说明此车正待客出租，但有时候很难拦到出租车。如果看见出租车顶上的灯有轮椅的标识，那么就说明残疾人可以不下轮椅就能上车。

▲开普敦有轮椅标识的出租车

▲开普敦的彩色出租车

063

打电话叫车

在南非的大街上很少能看见出租车，即使看见了，很多都不能招手即停。如果你想乘坐出租车，可以去酒店、机场、车站等地的出租车等候区乘坐，或者打电话预约出租车。打电话预约时，需要报上自己需要乘坐出租车的时间、地点，有的还需要说明到达地点。一般在你到达指定的乘车地点的时候，就会有出租车在那里等候了。

叫车电话

▲ 开普敦出租车上的叫车电话

出租车价格

南非的出租车价格整体来说是比较贵的，其中比勒陀利亚的出租车起步价36兰特，之后约每千米12兰特。乘坐出租车需要付小费，一般为车资的10%。

道路标识

南非与国内不一样，车辆是靠左行驶，所以南非的道路标识与国内有很多不一样的地方。在南非旅行，不管是乘车还是步行，或是自驾车、骑自行车等，都会涉及一些道路标识的问题。南非道路

设施很完备，道路标识都很清晰，而且设置的都很人性化。在地图上，公路都以线条绘出，非常清晰明了。

"停车"标识：南非的"停车"标识是一种八角形的红色道路标识，八角形的牌子上大大地写着"Stop"，很醒目，看见这个标识，你就要知道这里该停车了。这种标识经常出现在比较小的十字路口，南非法律强制规定，司机开车到这样的路口或右转弯前不论有无行人都必须先停车，确认没有行人或车辆之后才可通行。

"减速"标识：南非的"减速"标识为黄色的倒正方形，通常为黑色的边框，写着"SLOW"或"SLOW DONW"，意思相当于国内的减速慢行的意思。有时与其他的道路标识配合使用，表明减速是应为前方有人行道、障碍等。南非还有一种有趣的标识，就是一个人趴在地上，手边有一个酒瓶，并标注"Drunken People Crossing"，代表前方可能有醉酒者穿过，要减速慢行。

▲公共场合的减速标识

▲提醒前方会有醉酒者穿过

　　限速标识：很多道路上都有限速（Speed Limit）的标识，标识牌上一般都会有限制的车速，对应每个车道显示相应的限速。

▲最高限速 60 千米

▲最低限速 40 千米

　　人行道标识：很多黄色的人行道在地上都不易看见，但旁边立着的具有提示的人行道标识便能很容易地让司机知晓前面有人行道，要减速慢行或停车。

　　红绿灯：在南非，一般马路两边都有红绿灯，人们抢车抢路、闯越红灯的情况十分少见，即便夜深人静时驾车者遇到红灯也会自动停下等待。此外，街道上的红绿灯还有行人信号装置，当你要过马路时，可以先按下按钮，等几秒钟绿灯亮了就可以通过了。绿灯大概可以持续10秒钟的时间。

▲人行横道

▲红绿灯

自行车道标识：自行车道一般都会在道路最边上，靠近人行道。

停车位：南非的停车位都是用白色线在道路或停车场清晰地标出。停车场的地上也有很多标识，如普通停车位、残疾人停车位、购物车停车位等。

▲ 自行车道

▲ 西开普省荒野海滩酒店停车场

道路指示牌：南非的道路指示牌非常清楚，在每条街上都有商店、餐厅、景点、卫生间等的指示。

前往莫迪默勒

R101 Modimolle

R101 Mokopane

前往莫科帕内

前往金佰利
布隆方丹

N8 Kimberley Bloemfontein

N12 Britstown (N1) Cape Town

前往开普敦

前往不列颠镇

tips 小贴士

南非的地址怎么看

南非的地址大多数是英文的，也有用祖鲁语等当地语言来标注的，但是在大型景区、住宿、餐厅等，都能获得英文的地址，所以不必担心，只需要按照英文地址的解读方式来理解南非的英文地址即可。

117Ascot Road, | Judith's Paarl, | Johannes Burg, | Republic of Sooth Africa

路号：阿斯科路117号　　区域：朱迪斯帕尔　　省市：约翰内斯堡　　国家：南非共和国

066

应急通道

　　游客在入住酒店或进入某一个建筑物的时候，都要留意建筑内的安全出口（Safety Exit）位置，当有紧急情况发生的时候，要使用应急措施，沿着安全出口的指示标识快速自救或逃生。

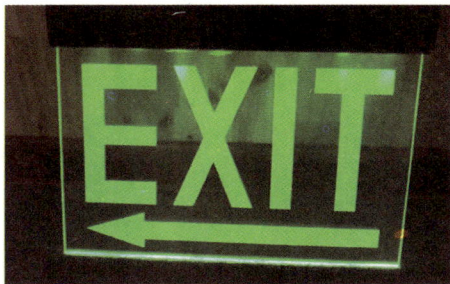

会中文就会说英语		
英文	读法	中文
Always buckle up	Aoweizi bakou apu	请系好安全带
Put your children in back	Pute yao qiujun yin biake	把您的孩子放在后座上
Never drunk drive	Naiwo zhuangke zhuaiwu	决不酒后驾驶
You always have to stop at a stop sign	You aoweizi haiwu tu sitaopu aite e sidaopu saien	见到停车标志时一定要停车
In a crosswalk, pedestrians have the right of way	Yin e keraosi—waoke, paidisichunsi haiwu ze ruai te ouwu wei	在过街人行道上，行人有先行权
Subway/Metro	Sabuwei/maiche	地铁
The First Floor	Ze fesite fuluo	第一层
The Second Floor	Ze saikende fuluo	第二层
Baggage（口语）/luggage	Bageijei/lageijei	行李
To the Nike Company, the fifth Avenue	Tu ze naike kangpenei, ze fesite eiweiniu	到第5大道的耐克公司去
Slow down please so that I can enjoy the sights	Silou dang pulisi sou zate ai kan yinzhao ze saici	开慢点，我们好欣赏景色
Do you use the metre	Du you yousi ze mete	你使用计价器吗
Let me check the metre out	Laite me chaike ze mete aote	我察看一下计价器
We'd like to go to Central Park	Weide laike tu gou tu senchao pake	我们想去中央公园

旅游图标

旅行方式

去南非旅行，有很多旅行方式可以选择，如自由行、跟团游、自驾游、骑行游、徒步游等。你可以根据自己的计划，选择一个比较适合自己或自己比较喜欢的旅行方式游览南非。

自由行

说到自由行，可能就会想到背包客，一个人背着行囊，穿梭在各个城市、景点之间，行程的每个部分都由自己安排，是不是觉得很酷呢？自由行是一种不受约束、比较随性的旅行方式。在自由行的过程中，你可以去住B&B、家庭旅馆、青年旅舍、大学宿舍等地，在这些地方，你会遇到很多与你志同道合的旅友，也更能让你了解到南非的风俗人情。不过自由行并不是没有计划的旅行，你要在去南非之前，做一个比较好的计划，让自己的旅行轻松、完美。

跟团游

如果你觉得自己制订计划比较麻烦，或者没有时间去准备，又或者是担心语言问题，那就可以去选择跟团游，旅行社会让你解决吃住行等旅行中的问题，你只需一心一意玩就可以了。但跟团游的前提是要找一个比较可靠的旅行社，然后去旅行社交涉自己想要达到的旅行效果，如果交付费用的话，一定要签订旅行协议，并向旅行社索要收据或发票。

驾车游

南非的道路设施是非常完善的，所以自驾游也是一种非常受欢迎的旅行方式。在南非租车可以可以选择Avis、Budget等租车公司。在租车的时候，一定要仔细检查车辆有没有故障等，还要问清楚租车的费用、保险、能否异地还车等。在交付费用的时候，一定要签租车协议，并仔细阅读协议上的事项。南非是左行道，与国内不同，最好先熟悉一下车辆的各项性能，再开车上路。

网上租车

在南非的租车公司网站上可选择不同品牌的车型，通常都是行驶数在3万千米以内的新车。凭中国的驾驶证原件、翻译件、公证件和信用卡，就可以直接去最近的车行取车了。拿到预订的车之后，加满油熟悉之后就可以上路了。

现场租车

在租车公司填好材料（姓名、性别、驾龄、所属国家、驾照的有效期限）后，在租车公司电脑上的摄像头拍张照，就可以拿到车钥匙。钥匙上有车的编号，按照编号，就可以自己去停车场提车。

景点标识

南非很多景点都有标识，也有写着景点名称的牌子。除了景点大门和售票处的标识外，在靠近景点的街道上一般也会有路牌指示景点的方向，有的路牌上还标有距离多远，随着这些路牌的方向你就可以很快地找到景点了。

▲克鲁格国家公园门口的标识

▲兰斯堡国家公园景点标识

▲非洲企鹅保护区景点标识

▲黄金城大门标识

▲约翰内斯堡动物园内有一只獴趴在地图上

售票处

到了一个景点，首先关心的是售票处在那里。一般景点处都会有"Ticket Office"的字样，有的在景点入口处会有指示售票处的箭头，只要顺着箭头走就可以找到售票处了。

▲黄金城售票处

069

票价

　　在景点的售票处一般都写有景点的票价，大多数景点成人、老人、学生的票价都是不一样的，在所买的门票上也会有写有票价，以及出票的时间。

　　南非很多景点的门票都不便宜，但有些美术馆、公园都是免费的，如约翰内斯堡艺术长廊、街心公园和圣乔治公园等。此外，在南非游览，可以买一张南非公园通票（All Parks Cluster），凭此通票可以一年内无限次出入南非的80多家公园和自然保护区，而且如果你打算增加一些额外景点的话，也可以获得最优惠的价格。而且凭此票在一些游客多的景点处不用排队。当你购买此票后，会得到一本旅游指南，上面列有你可以前往的景点，指南上会有一些关于景点的信息介绍、地图等。

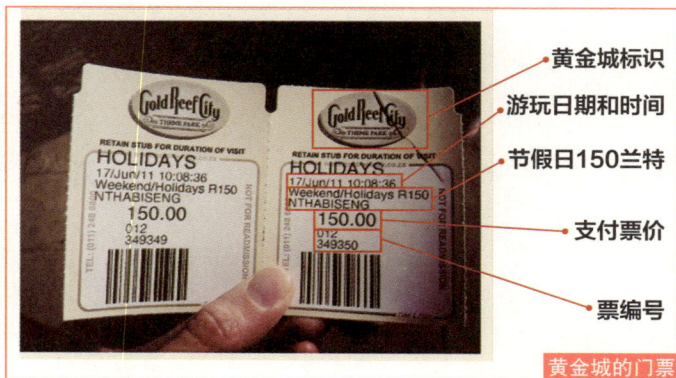

黄金城标识

游玩日期和时间

节假日150兰特

支付票价

票编号

黄金城的门票

开放时间

　　去一个景点游玩，知道其开放的时间是非常有必要的。一般来说，很多景点的开放时间都会写在售票处的窗口上，并且景点的票面上也会有开放时间。在一些比较大的景点内，一些分景点的开放时间会写在门口的指示牌上，你只需在进入景点时留意一下就可以了，然后在景点的关闭时间前出来就行了。

禁止事项

在南非参观景点时，有很多需要注意的事项，如在野生动物园内、禁止打开车窗；在公园的小溪或湖里禁止下水；在蛇公园内禁止触摸；在公共场所禁止吸烟；在清真寺禁止喧哗等。参观景点时，应多留心这些标识，以免发生不必要的麻烦。

会中文就会说英语		
英文	**读法**	**中文**
I'd like to take a tour of the city.	Aide laike tu teike e tuer aofu ze seitei	我想参观一下市区
How much does the all-day tour cost	Hao machi dasi ze aodei tuwe kousite	整天旅程的费用是多少
Where can I find a map of the city	Weier kan ai fande e miapu oufu ze citei	哪里有市区地图
I'd like to buy a subway map	Aide laike tu bai e sabuwei miapu	我要买张地铁地图
I need a train (bus、plane) schedule	Ai nide e chuen (basi、pulen) sigaidiu	我要一张火车（公共汽车、飞机）时刻表
Where do I catch the bus	Weier du ai kiachi ze basi	我在哪里坐大巴车
I'd like to reserve one seat for this Saturday	Aide laike tu ruizewu wang site fao zeisi siatedei	我想预订周六的一个座位
Do you know the admission fee for the Museum of Art	Du you nou ze edemishen fei fao ze miuzemu oufu ate	你知道美术馆的入场费是多少吗
What's the fare on this Island Ferry	Woci ze fiye ang zei-si ailande fairui	该岛渡船的费用是多少
Is the museum open today	Yizi ze miuzemu oupen tedei	博物馆今天开放吗

071

购物图标

中文：请给我一张退税单。
英语：Please give me a tax refund form.

商场

　　南非是充满民俗风情的地方，不仅有奢华的购物地，也有一些民俗风情浓郁的特色小店。无论是购物中心、商业街，还是城市街头，都能找到各种别具传统特色的手工艺品，甚至在自由市场你也能找到心仪且独具特色的宝贝。此外，南非也不缺少精美的纪念品，比如宝石和黄金，许多由贵重金属和宝石制成的首饰原料均来自于南非，再运送到意大利等设计之都进行生产设计，而南非本地也诞生了许多独具特色的精美纪念品，等着你去发现。

　　南非比较著名的商场有开普敦的卡文迪什广场（Canemdish Square）和克莱尔蒙特（Clarenmont），约翰内斯堡市中心的"杉腾"购物中心（Sandtoncity），每个商场都很大，都可以买到波斯羊皮外套、鳄鱼皮包、古董、编织毯以及钻石及其他宝石精心设计的饰品和名牌香水、化妆品等。在南非，很多商场会在一起组成一个大购物中心（Shopping Mall），商场都有走道连接，非常方便。

不懂外语怎么办？

　　如果去商店或商场购物，可以注意一下店内有没有大减价（White Sale）的字样，也可以询问店员是否打折。除了去商场购物，去跳蚤市场（Flea Market）淘宝也是非常有趣的。购物时，可以注意一下有没有优惠券、返现或是兑换券等，可以到服务台咨询。

免税店

　　在南非购物，大家除了想去折扣店购物之外，大多都会去免税店买东西。免税店包括机场的免税店和各个城市中的免税店。开普敦机场和约翰内斯堡机场的免税店很大，几乎每个航站楼都有，里面的品牌特别多，最值得买的商品是化妆品、葡萄酒和纪念精品等。在此购物需要先入关才可以进入免税店，游客可以先托运行李再逛免税店。如果你要买葡萄酒可以去约翰内斯堡机场，过关后见到第一个就进去，这个免税店的葡萄酒种类比较多，离登机口近的那个品种少。在这里买的葡萄酒的瓶塞上都有K标记的，很多口味，一般50多兰特一瓶，相对比较优惠。

退税

在南非购物要支付14%的消费税。税金已经含在标价内，但在发票上会单独列出。外国人在南非境内消费总金额超过250兰特就可以在海关退回消费税（机场免税店、食品除外）。 退在退税柜台和海关都要支付退税手续费，扣除手续费后退回的金额约为总价格的10~12%。

退税流程

1.购物时取得电脑打印的付款单，单据上的物价和税款是分别列出的。免税店的付款单没有"税额"这一项。

2.所有付款单累计超过250兰特，就可以到机场退税柜台办理退税。退税时需要出示付款单和对应的物品，该物品必须是未使用的。但检查并不严格，严密包装的物品不会打开核对。核对无误后，退税柜台会填写一张退税支票。

3.办理完出境手续后，凭支票到海关退税处领取退回的税款。

退税技巧

1.大额退款只能使用信用卡转账的方式，既需要支付额外费用，又要等很长时间。可以请退税额低的同伴帮忙分担部分账单，但单张大额账单不能拆分。

2.退回现金可以选择美元或兰特，退美元的汇率不理想。如果数额不大，可以选择退兰特，然后到机场免税店购买一些小饰品、零食等作为礼物。

营业时间

南非大多数商店周一到周五的营业时间是8:00~17:00，周六日8:00~13:00。此外，周六、日像往常一样营业的商店日渐增多，晚上营业的店也越来越多，吸引了很多喜欢逛夜市的朋友前来。

会说中文就会说英语		
英文	**中文读法**	**中文**
Charge or debit（Credit or debit）	Cah ji ao di bai te (ke rui di te ao di bai te)	使用信用卡或是银行借记卡
Cash back	Kai shi bai ke	是否要找回现金
How are you going to pay	Hao a yiu gou—ing tu pei	你要怎么付款
Bring your receipt to the customer service, and they will refund you	Bu—ring yao—er rai—si—pei—te tu ze ka—si—te—me se—wai—si, an—de zei wei—yie rui—fang—de you	把你的收据拿给顾客服务部, 他们就会退钱给你
Can you give me the invoice	Kan you gei—wu mi ze in—wo—ai—si	能不能给我一张发票
We have a clearance sale today	Wei hai—wu e ke—lie—er—ruan—si sei—yie te—dei	我们今天清仓大拍卖

娱乐图标

酒吧

　　无论在哪里，酒吧是人们社交和娱乐生活中不可或缺的一部分。酒吧是感受南非文化必去的地方，每一个城市或小镇，甚至乡村中，你都能看见酒吧的影子。南非的酒吧规模有大有小，而且各具风格，有的酒吧分为饮酒区和非饮酒区，非饮酒区一般包括舞池、台球、唱歌等，有时也常有衣着古怪的人上台表演，在这里你可以感受到南非通俗文化跟传统文化的交融，也是很有魅力。南非人傍晚都会去酒吧喝上一杯，享受那里的欢乐气氛，缓解一天的紧张情绪。所以在南非旅行，一定要去酒吧感受一次南非传统的"酒吧文化"。

　　南非的酒吧有两种，一种是在酒店内部的吧台，一种是单独的酒吧。在酒店中，有一小块地方划出来给顾客们点酒娱乐，氛围比较安静，座位也比较宽敞，那里多半是几个朋友聚在一起谈天说地的聚集地。而单独的酒吧地方大小不一，酒类繁多，有各种主题酒吧，很多酒吧内都有舞台剧、乐队演出和舞蹈等表演。

　　酒吧里一般都会有葡萄酒、鸡尾酒、啤酒、酒精饮料、果汁等，你可以去吧台点酒，也可以坐在座位上等着服务员来询问。点完酒水后，记得要给服务员小费，小费是消费额的10%左右，这样才能保证你能得到更好的服务。如果你要给酒吧的调酒师傅小费的话，不妨就请他喝一杯。酒吧内通常还会提供一些甜品、干果、小吃等各种食物。

▲鸡尾酒

咖啡厅

在悠闲的旅行生活中，不要忘了去南非的咖啡厅感受一下异国风情和咖啡文化。在国内，很多人对星巴克（Starbucks）都比较熟悉，它源于美国。而在南非约翰内斯堡的富人区拐角处有一家咖啡厅名叫News Cafe，是南非的著名咖啡店，它的形式就类似于星巴克，不过它的店面很大，在当地很受欢迎。咖啡厅灯光柔和、环境静谧、气氛平和，在里面喝一杯香醇的咖啡，缓解旅途的疲惫，放松自己是非常好的。南非的咖啡厅好似永远坐不满人，总是有地方空着，更显得安逸。

南非的咖啡连锁店有很多，既有南非本土的，也有美国等国家的咖啡连锁店。在商场、超市、购物街、车站、机场等地基本上都能看见这些咖啡连锁店。咖啡店的门前一般都会有一个招牌，上面写着店的名称、地址、网址等。如果你觉得去连锁的咖啡店不能感受到南非的咖啡文化，那么可以去露天咖啡小店坐坐，点一杯店内的特色咖啡，然后慢慢地度过一段闲适安静的时光。

南非著名的咖啡连锁店	
名称	特色
星巴克（Starbucks）	美国咖啡连锁店，在南非有很多分店
TRUTH	南非的咖啡连锁店品牌
Mugg & Bean	南非当地品牌的咖啡连锁店，连续续杯
西雅图咖啡	其实为英国品牌，在南非大街小巷都有分店
Java House	肯尼亚品牌，在南非有很多店
雀巢咖啡	瑞士品牌，在南非也很盛行

咖啡厅中不提供电视播放，环境安静，人们交流也是很小声地进行。咖啡厅中提供各种咖啡以及少数的小吃，如饼干、甜饼、三明治、点心等，提供的饮料大多是苹果汁、橘汁之类的，并不提供非酒精饮料。

剧院

在南非旅行时，无论你的旅程有多么紧张、预算有多么有限，都应该找一个时间去南非的剧院，看一场戏剧、歌剧或舞蹈等表演。南非规模最大的剧院是国家剧院，在这里你能欣赏到南非及世界各地的戏剧、音乐剧等。

提前购票

在南非的剧院看演出，要提前买票或订票，临时买票的话大部分时候是买不到的。特别是一些经典的剧目，经常是票开始出售就被抢购一空，晚了就买不到了。在去剧院时，不能无票混进剧院，或买假票。

提前到场、对号入座

在买到剧院某个剧目的票之后，应看好演出开始的时间，提前半小时左右进场。然后按照票上的座位号，确定自己的座位，如果座位在中间，就先进去，以免坐在两边的人起身给你让路。如果你的座位在两边，可以到剧院外走一走，等中间的人都进去了自己再入座。在演出开始后，禁止观众入场，中场休息时，迟到者才可入场，目的是不影响别的观众观看节目。

看演出的过程中的注意事项

在剧院看戏剧、现场表演时，都要保持安静，不能接打手机也不能大声说话。在进入剧院的第一时间，一定要吧手机铃声调成振动或静音。在剧院，还不能吃零食或喝饮料，不能拍照，不要随意走动，不要吹口哨，能提前退场。演出结束后，要等演员谢幕退场后才可以离场。

水疗

水疗是一种物理的疗法，它用不同温度、压力、成分的水，以不同形式和方法（浸、冲、擦、淋洗）让人体全身或局部进行预防和治疗疾病的方法。现在南非有很多地方都有专门的水疗馆，很多酒店中心也兼营有水疗项目。南非有很多五星级提供水疗的酒店，如果想专门感受一下水疗服务，可以前去体验。这些水疗酒店都是很好的放松和疗养的去处。下面推荐南非的一些水疗酒店。

南非的水疗胜地		
名称	地址	特色
席默拉乡村俱乐部水疗酒店	Simola Hotel, Country Club & SPA	No 1 Old Cape Road, Knysna	酒店设有一个温泉浴场、游泳池和一间享有潟湖美景的餐厅。酒店提供使用Africology水疗产品的面部和身体护理服务。客人还可以在能俯瞰着美景的健身房锻炼
十二使徒水疗酒店	Twelve Apostles Hotel & SPA	Victoria Street Camps Bay, Cape Town	海滨酒店俯瞰着十二使徒山脉，提供前往港湾和海滨地区的免费接送服务，设有带岩石的游泳池且获奖的保护区温泉。酒店一边朝山，一面朝海，是观看桌山国家公园的极佳之地
优雅角水疗酒店	Cape Grace Hotel & SPA	West Quay Road, Victoria and Alfred Waterfront, Cape Town	精品酒店坐落在开普敦市热闹的码头区中心地带，酒店设施包括享有桌山和码头全景的SPA中心。提供500多种威士忌和多种精选的开普敦葡萄酒。水疗中心使用当地的产品和古老的方法为客人提供非洲特色的护理服务
维尔斯精致水疗酒店	Views Boutique Hotel & SPA	South St, Wilderness	酒店坐落于花园大道的中心地带，设有室内和室外游泳池，Views SPA提供全套美容护理服务，并设有土耳其浴室、桑拿浴室和美疗浴池。酒店还设有太阳能温水屋顶游泳池和日光浴室
三城滨江水疗酒店	Three Cities Riverside Hotel and SPA	Beacon Island Crescent, Plettenberg Bay	酒店设有空调客房、室外游泳池和提供各式美容护理的保健中心。酒店的室外游泳池区被天然岩石和热带树木环绕。可以在池畔酒吧享用各式啤酒和鸡尾酒

到达南非后

到达南非境内，从下飞机的那一刻起，就要懂得如何办理入境手续，如何从机场前往市区，如何入住酒店等。此外，在旅途中可能会遇到的生病、遗失东西等问题，如果没有提前做好功课，难免会手忙脚乱。阅读本章，将会一一告诉你解决之道。

入境手续

当游客乘飞机到达南非后，在下飞机的那一刻会有一点茫然，觉得自己在一个语言、文字、环境都不熟悉的地方，要通过层层检查然后顺利开始南非之旅感觉是一件非常困难的事。其实入境南非也没有想象中的那么困难，是要你心平气和，按照一定的指示和步骤，就很容易通过的。

填写入境卡

在飞机快要到达目的地城市时，工作人员会发给乘客一份南非入境卡（Landing card）。入境卡为全英文的，如果不会填，可以请工作人员帮忙指导你填写。在填写时，注意全部要用英文填写。填好后要妥善保管好，在入境时交给海关。

▲南非的入境卡

入境检查

　　下飞机后，沿着标有到达"Arrival"的标识牌走，就可以到入境检查处（Immigration）。如果要转机过境，就要寻找"中转"（Transfer或Transit）的指示标了。在去接受检查之前，一定要先准备好入境卡、护照、签证、来回机票等以备检查。在检查时，工作人员会问你一些问题，如为什么来南非、打算待多久等，你只要照实回答就可以了。检查无误后，入境官员会在你的护照上盖章标明入境日期，然后将护照还给你。

提取行李

　　入境检查完毕之后，就可以去行李提取处领取托运的行李（Baggage Claim）了。你可以通过行李提取区的电子显示屏上显示的航班编号，找到相应的行李转盘，那里会有很多行李，小心拿错，然后拿到自己的行李就可以了。

海关检查

　　提取完行李之后，就要带着自己所有的行李去接受海关检查。在排队时，选择一个队列排好，不要东张西望，不要看另一行通关迅速而临时换行，这样会让海关觉得你"形迹可疑"。当轮到自己时，海关会询问有没有携带违禁物品等问题，你如实回答就可以了。如果要求打开行李检查，那也不要犹豫，立即打开供其检查。如果很容易就让你通关的话，也不要诧异，直接出去就可以。

免税带入南非的物品以及需申报物品	
免税携带的物品	400支香烟、50支雪茄、9盎司烟丝
	2升红酒、1升烈酒
	价值不超过500兰特的个人礼品
需要申报的物品	动植物及其产品，微生物、生物制品、人体组织、血液制品
	人民币现钞超过2万元，或外币现钞折合超过5000美元
	分离运输行李包括货物、货样、广告品
	居民旅客在境外获取的总值超过人民币5000元的自用物品
	非居民旅客打算留在南非境内的总值超过2000元的物品

出机场

　　通过海关检查出关后，就可以出机场了。但建议先不要出机场，可以去机场的咨询服务处（Information）和交通信息处（Travel Information）咨询一些旅游和当地交通的事项，如果携带的是大面额的兰特的话，可以在机场兑换处（Currency Exchange）换一些零钱，方便出行。

前往市区

南非的每个机场都有很方便的交通可以到机场所在城市的市区，如果自己预订的酒店有提供机场接送服务，那游客就不用操心怎么去市区了。但有的酒店没有机场接送服务，需要自己乘坐交通工具前往市区，那就要需要游客事先查找好去市区的路线了。

寻找公交站

在机场，可能会找不到公交站或不知道怎样乘坐交通工具去市区，可以去机场的咨询服务处（Airport Information Booth）、游客协助处（Travelers Aid Booth）或机场专门的设置的大众交通工具服务台（Ground Transportation Information）咨询，那里的工作人员会为你详细地讲解机场到市区的交通，也会耐心地为你解答问题。

机场巴士

机场巴士（Public Transportation/Transit）相对其他交通工具来说要慢一些，但也是机场到市区的主要交通工具之一。航站楼对面的停车中心是所有巴士公司的办公场所，主要运行的巴士公司有魔力公交公司、机场纽带公交公司和机场巴士公司。这些巴士运行于约翰内斯堡和比勒陀利亚主要酒店停靠的路线，费用为400兰特/人，同一旅游团每增加一人多收60兰特。

出租车

搭乘出租车前往市区是一种比较便捷的方式，不用像机场巴士一样，要转乘才能到达自己的目的地。南非的每个机场都设有出租车招呼站（Taxi Stands），在那里搭乘会比较安全。有的机场还会有出租车招呼员（Taxi Coordinator）为旅客服务，他们一般都穿制服，很好辨认。

下榻酒店

入住酒店

入住酒店（Check In）时，前台人员会要求游客报上姓名，并出示预订单、护照等。在确认酒店预订单之后，前台人员会交给旅客一份登记表，登记表的内容和国内星级宾馆的表格内容基本一致，主要包括旅客姓名、性别、护照号码、信用卡种类及号码、拟住天数等。旅客按要求填写完毕后，要连同护照一起交回服务人员。服务人员检查确认并安排好房间后，即将房间钥匙和护照交给旅客。旅客拿到钥匙后即可到房间入住。进入房间后，行李员则会将行李送到房间。旅客检查无差错后，应表示谢意并同时付一些小费。

酒店入住时间

南非的酒店入住时间一般是14：00、15：00，退房时间是12：00之前。如果你去得早了，可以凭酒店预订单把行李放在酒店内，等到酒店规定的入住时间到了后即可。

房费问题

订房费一般包含房费、服务费及相关税务，但不包括客人使用房间长途电话、客房小酒吧及在酒店内签单的费用，因此客人在入住时，酒店可能会要求旅客交押金，然后在退房时再结算房费以外的费用。建议往前，认真仔细阅读房间的住房政策，哪些是需要交费的，哪些是在服务范围之内的，都要询问清楚为妙，入住付账时勿忘索取收据。

酒店内提供的住宿设施

在入住酒店时，进房间时先要确认房间内的设施，如果缺了什么或有些设施（如电话、电视）是坏的，就要及时的前台人员联系，让酒店及时更换或修理。如有电话、电视、冰箱、小酒廊、保险箱等，在使用之前，要询问清楚电话如何收费，保险箱怎样开启和关闭，看有线电视是否收费等，一定要弄清楚后再使用，以免造成被动和尴尬。

吸烟的游客要注意

南非是一个禁烟国家，在公共场所、酒店、餐厅、车内都不能吸烟，所以吸烟的游客要十分注意了。酒店内贴着禁烟的标识，而且前台人员在顾客入住的时候就会告知顾客，房内禁止吸烟，违者还会被罚款。如果想吸烟，可以询问工作人员在哪里可以吸烟，即使是在其他没有禁止吸烟标识的场所吸烟时也要向周围人征求意见。

tips 小贴士

如果预订了房间而不去住，也不在网站上取消或通知酒店取消，那费用就要不回来了。有些比较便宜的房间或者是打折的房间是不能退订的。有的酒店可以退订，但要收取一定的手续费，比如不退还第一晚的住宿费。

突发事件

证件丢失怎么办

在出国前建议把重要的证件都复印、备份，比如有照片的那页护照、身份证、银行卡等，照片多洗一份带在身上，包括信用卡的卡号也要牢记，如果不幸被盗或丢失后，要在第一时间进行挂失和补办。此外，登机牌也一定要保存好，同时尽可能备齐所有能够证明自己身份的资料。万一物品丢失也不要慌张，要保持冷静，以确保自己正确及时地处理问题，最大限度地减少自己的损失。

护照丢失时应及时联系中国驻南非大使馆或领事馆，并到当地警察局办理挂失和护照丢失证明。在补办护照或旅行证时，出示警方的丢失证明和护照复印件等有效文件。如果护照办理时间较长建议办理旅行证。

中华人民共和国驻南非共和国使领馆			
名称	地址	电话	网址
驻南非大使馆	255 Athlone Street, Acadia, Pretoria	012-4316500	www.chinese-embassy.org.za
驻约翰内斯堡总领事馆	25 Cleveland Road Sandhurst, Sandton Johannesburg	011-6857562	johannesburg.china-consulate.org
驻开普敦总领事馆	25 Rhodes Avenue, Newland 7700, Cape Town	021-6740579/ 6740592	capetown.china-consulate.org
驻德班总领事馆	45 Stirling Crescent, Durban North, Durban	031-5634534	durban.china-consulate.org

机票丢失怎么办

丢失机票，一般分为两种情况：一种是能确认丢失机票的详细情况，则可以重新签发；二是购买待用机票，并且在一定时段内没有不正当使用丢失的机票，如果情况属实，则可以申请退款。如果不知道机票的详细情况，可以和购买机票的公司的驻外办事处联系，查询详情。

085

旅行支票丢失怎么办

旅行支票丢失后，一定要给旅行支票发行公司海外服务中心打电话挂失止付，然后领取新的旅行支票。购买旅行支票后，建议先在上方签名处签名，因为收旅行支票的人会验证下方签名处的签名是否与上方签名处的签名笔迹出自一人。

信用卡遗失怎么办

遗失了信用卡就要立即打电话至发卡银行的24小时服务中心，办理挂失与停用。同时，你也可以与当地信用卡公司的办事处或合作银行取得联系。

行李丢失怎么办

到境外旅游，可以将自己的行李做一个特殊的标记并检查行李牌，这样会为找回行李提高效率。如果行李丢失，应前往机场的行李查询处查询，航空公司系统会查询行李去向，例如没有搭乘一班飞机等，可要求航空公司送达入住酒店。如无法查询行李的下落，应立即持机票、登机牌、行李牌和身份证进行申报，填写"行李运输事故登记单"，通常情况下行李超过21天未找到，你可对航空公司要求进行索赔。

迷路了怎么办

去南非旅游，在大多数的景点参观时，沿着主要路线以及跟着人群游览一般是不会迷路的。在一些路况比较复杂或者比较偏远的景点参观时，可以请当地的导游带领参观，这样会方便很多。

在南非自己一个人外出时，可携带上饭店名片以备迷路时使用。在一些偏远地区旅行的时候，记得一定要紧跟有标记的道路前进，这样就不会迷路，也不至于出现其他的麻烦。如果迷路了，可以向旁边的人询问。

遇到小偷怎么办

通常，酒店大堂、餐厅是小偷经常"光顾"的地方，而机场、车站、旅游景点，甚至加油站则是小偷经常出没的所在，所以在这些地方一定要留个神，如果真遇到了小偷可以找当地警察局求助。

医疗卫生问题

中国游客在南非不需要任何疫苗注射，除非要前往南非北部的原始部落聚集地，其他地方都没有大规模的传染病流行。在南非旅行不去看野生动物实在是可惜，观看那些大型的野生动物时，务必与其保持一定的距离，以免被动物咬伤抓伤。另外有的南非水域内有水蛭，所以尽量避免下水嬉戏。当然，艾滋病在南非是不容忽视的问题，艾滋病感染者所占比例较高，所以旅客要避免与当地人过于亲密接触，发生意外输血的时候一定要十分小心。要注意，虽然南非的医疗水平一般，但医疗费用也较为昂贵。

南非医院推荐			
名称	**所在地**	**地址**	**电话**
尤尼塔斯医院	比勒陀利亚	Clifton Ave Centurion	0027-123435873
米尔帕克医院	约翰内斯堡	9 Guild Road，Parktown	0027-114815600
城市公园医院	开普敦	181 Lomgmarket Street	0027-214816111

常用电话	
中国驻南非大使馆	0027-12-4316500
匪警电话	080011213
南非报警电话	10111
警民中心电话	011-6229515
驻约翰内斯堡总领馆领保协助电话	071-5111494
开普敦观光警察	21-4182853
消防电话	10177
汽车事故协会	0800-01-0101
暴力事件（Rape Crisis）	0800-01-2322

应急语言

会中文就会说英语		
英文	中文读法	中文
Crosstown	Keraositang	横跨市区的
Business Area	Bi—si—ni—si yie—rie	商业区
Street Crossing	Si—zhui—te keraosiroude	交叉路
Gas Station	Gai—si si—dei—shen	加油站
Traffic Signal	Chuai—fei—ke si—ge—nao	交通标志
Stop Sign	Si—tao—pu sai—en	暂停标志
Red Light	Rai—de lai—te	红灯
Is there a post office near here	Eisi dei′e e pousitaofeisi ni′ebai	这附近有邮局吗
Where is the hospital	Waie eisi de haosipeitou	医院在哪里
Where am I now	Waie aimai nao	我现在在哪里

英文	中文读法	中文
Would you please show me where I am on this map	Wudiu pulisi shou mi waie ai aimu ang deisi maipu	请你告诉我我现在在这张地图上的什么地方好吗
Which way is north (sourth、east、west)	Weichi wei eisi naosi (saosi, yisite, waisite)	北（南，东，西）方在哪里
Should I go straight	Shudai gou sizhuite	我要直走吗
I beg your pardon	Ai baige yao paden	请你再说一遍
Would you speak more slowly	Wudiu sibike mou siloulei	请你说慢一点好吗
Don't cheat me	Dong—te chi—te mi	别想欺骗我
Making an Appointment with a Doctor	Meike—ying an e—pong—te—men—te wei—zi e dao—ke—te	和医生预约
Buying Prescribed Medicine	Bai—ying pu—rai—si—ke—ruai—bu—de mai—di—sen	购处方开的药
Would you call a doctor for me	Wudiu kao e daokete fou mi	请你帮我叫个医生好吗
Please take me to the hospital	Pulisi teike mi tu de haosipeitou	请送我到医院
I think I'd better see a doctor	Ai sing—ke ai—de bei—te si e dao—ke—te	我想我最好去医院看病
I think I have a feve	Ai senke ai haifu e fife	我想我发烧了
My stomach is upset	Ai haifu e sitamokeike	我肚子不舒服
Please give me some cold medicine	Pulisi geimi sanmu maideisen fou koude	请给我一些感冒药
How often do I have to take the medicine	Hao oufen du ai haifu tu teike de maideisen	我多久吃一次药
I want some bandages	Ai wang sanmu bandeizheisi	我要一些绷带
Do I have to go to a hospital	Du ai haiwu tu gou tu e hao—si—pi—tao	我必须住院吗

089

离开南非

　　从南非出境，除了要提前购买机票外，还要把握好出境的程序。出境程序包括行李托运、办理离境等手续，如果购买可以退税的产品，还需要办理退税。阅读本章节内容，这些看起来比较麻烦的问题就迎刃而解了。

返程
机票

　　前往南非旅行，做好行程安排之后，就可以购买或预订返程的机票了。一般在去南非之前就可以订往返的机票，既比较省钱，也不用担心返程机票的问题了。如果没有在国内预订好返程机票，那就需要在南非购买了。在南非预订机票的程序和国内很相似，可以让旅行社、代理网站帮自己购买，也可以自己在比价网站自己筛选购买。如果你是在南非短期旅行，那么提前购买机票也不会提前太多天，要买到比较便宜的机票只能多比价了，但都不会太便宜。

　　购买机票时要用信用卡或银行卡支付，网上买机票除了要填写护照姓名、住址、旅行时间、地点等之外，还可以在网上订座位和选择电话提醒业务。

办理离境

南非的出境程序与入境时差不多，但也有很多需要注意方面。而且在离开南非前的24小时内，最好打电话到自己预订机票的航空公司确认时间以及座位。在确认时，告知航空公司搭乘者姓名、搭乘日期、班次及目的地即可。

找到离境航站楼

乘国际航班需至少提前2个小时到达机场办理离境手续。如果是从约翰内斯堡机场离境，在到达机场后可以沿着离境（Departures）的指示标到达自己搭乘飞机的航站楼。

找到报到区域

在找到离境航站楼之后，可以看见一个写着"Where to Check In"的电子显示屏，那上面会显示飞机起飞的时间、目的地、航班编号、报到区域，你可以根据这个找到报到的区域（Zone A～G），然后就可以找到报到柜台了。

退税

如果自己有可退税的商品，那么就可以在离境航站楼的退税窗口办理退税了。找退税窗口时，可以找绿色的EXPRESS QUEUE ONLY标识，然后去排队。如果你的退税商品需要托运，那么需要你在退税检查完之后再去托运行李。关于如何退税，可以参考购物图标中免税店中的内容。

▲ 退税处

离境检查

退完税后，就可以到事先找到的报到柜台办理登机手续和行李托运了。在你离境之前，机场人员可能会要求检查你的行李或询问你行李里带了什么东西和一些其他的相关问题。有时还会要求你打开行李箱检查，或要你交出携带的电器和电子产品等过安检。

▲ 离境检查

行李托运

"行李托运"（Checked Baggage）是指你办理登机手续时交，让机场人员系上标签，送入飞机行李舱，随机一起运送的行李。"手提行李"（Hand Baggage）是指你登机时随身带上飞机的行李。一般情况下，除去你的钱包，外套和一些小的随身物品外，你可以携带一件手提行李。对这件手提行李的尺寸也是有规定限制的，一般是长宽高的总和不能超过115厘米，也就是必须能保证放到你的座位下面或座位上面的行李架里。如果回国时的行李特别多，可以先邮寄一部分回国。

在离境时，一般都会考虑行李携带的问题。下面就来简要地介绍一下。

考虑行李规格和重量

有的航空公司对乘客携带的行李有一定的限制，不管是行李的重量还是行李的尺寸。因此在出发去机场之前，最好打电话给航空公司询问行李的最大规格和重量。旅客一般允许携带两件免费行李，每件行李都要符合尺寸和重量限制的规定。如果你带了很多件行李或有行李超出了重量限度，你就得支付超重行李费。你可以向要搭乘航班的工作人员询问其对行李重量的限度和超重行李收费的标准。

▲飞机安检

在行李上标明个人信息

在托运行李时，需要确保每件行李上都标明了你的姓名、家里的地址、电话。此外，还要用足够牢固的行李号码牌和标签。为保险起见，你还可以在行李箱里面也放上信息牌。

南非图盖拉瀑布

Part5

第一站，比勒陀利亚

比勒陀利亚是一座带有欧式风情的城市，街头清洁，花木繁盛，有"花园城"之称。这里还汇聚着很多具有南非特色的美味小吃，众多具有南非特色的娱乐地点也坐落在城中，非常值得细细游玩。

比勒陀利亚印象

花园之城

比勒陀利亚是一座欧式化的城市，市区繁华，街头清洁，风光秀丽，花木繁盛，有"花园城"之称。喷泉谷是比勒陀利亚人潮最多的周末休闲区和野餐的地点；鲁德普拉特水库是钓鱼、乘游艇、水上运动和游泳的理想地点。

钻石之都

南非钻石在世界都是赫赫有名的，所以很多人到达南非都会去购买一颗南非裸钻，或者购买一枚镶嵌好了的钻戒。在南非，钻戒的工艺相当的精美，同时价格也比国内低很多。比勒陀利亚的库里南小镇是购买钻石最佳地。所以到了比勒院利亚，就去库里有小镇看看钻石吧。

美食之都

比勒陀利亚不仅风景优美，而且具有"舌尖上的优雅"之称。这里汇聚着很多具有南非特色的美味小吃，还有各国美食，最受当地人喜爱的拉佩尔拉、奥德角餐厅、卡梅洛特、迪平迪贝格以及教父等餐厅都有值得去体验，所以来到比勒陀利亚千万不可错过这里的美食，圆自己一个美食梦。

教育之都

比勒陀利亚不仅是南非的行政首都，环境优雅，风景迷人，这座城内教育文化水平比较高。它拥有1873年创立的南非大学，还有比勒陀利亚大学、工学院、师范学院等多所高等学校，南非最大的研究机构科学与工业研究院和著名的兽医及燃料、林业等研究所也在这里。这里文化聚集，到处弥漫着学院风，吸引了海内外游客纷至沓来。

游在
比勒陀利亚

联合大厦
南非总统府

INFO 旅游资讯
✉ Government Ave., Pretoria
📞 012-3005200

联合大厦（Union Buildings）坐落在比勒陀利亚一座俯瞰全城的小山上，是南非政府及总统府所在地。这是一座气势宏伟的花岗岩建筑，由赫伯·贝克爵士设计。站在联合大厦可以远眺比勒陀利亚全城美景。大厦前面是整齐、优美的花园，景色非常美，神秘的联合大厦就掩映在绿树丛中，使得人们驻足一探究竟。

South Africa 不懂外语也能**HIGH**

1 联合大厦又叫总统府，为欧式风格建筑。大厦前方是阶梯状的草坪和曼德拉的铜像，大厦后面有大片的丛林和灌木区，里面有很多鸟类栖息。坐在这里非常清静，可以看看南非碧蓝的天空。

2 在联合大厦可以俯瞰比勒院利亚的景色，很不错，还经常可以看到老师带一群小学生来参观这里。他们看到游人非常友善。在这座建筑前有一块草坪，有很多人会在这里休息、野餐，在总统府的环抱中俯瞰整个比勒陀利亚，遍野的红花绿树，是个休闲的好去处。

教堂广场
城市中心广场

INFO 旅游资讯
✉ 教堂大街（Church Street Pretoria)
📞 012-3581430
🕐 全天

教堂广场（Church Square）位于比勒陀利亚市中心，是南非最有名的广场之一，为当地居民休闲、散步的好去处。广场中央有南非共和国的首任总统保罗·克鲁格的雕像。这座铜像于19世纪初在意大利铸造后安置在王子公园（Princes Park），后移往比勒陀利亚行政大楼前，最后在1954年10月移至现在的教堂广场中，并由当时任职的丹尼尔·弗朗索瓦·马兰剪彩。

1 整个教堂广场四周都保留着拥有多年历史的古建筑，中心矗立着南非共和国的首任总统保罗·克鲁格的雕像。雕像下面有持枪战士，具有时刻保卫国家的意义，小小的细节体现了一个国家的尊敬和威严。在教堂广场的南面的教堂，很多年轻人会在那里举办婚礼，可谓通往幸福的神圣地。

2 教堂广场一到周末就非常热闹，三五成群的年轻人在这里聚会、游玩、放松心情。而此刻也体验最纯正南非风情的好时候。

先民纪念馆

纪念欧洲移民先驱者

先民纪念馆（Voortrekker Monument）位于比勒陀利亚的一个自然保护区内，又叫沃特勒克斯纪念碑。纪念馆是为了纪念那些于1834～1835年最早进入南非的欧洲先驱者荷兰人的后裔——布

INFO 旅游资讯

✉ Eeufees Road Pretoria
☎ 012-3266770
⊙ 8:00 ～ 16:30
🌐 www.voortrekkermonument.org.za

尔人而建立的，记录了白人的大迁徙历史。美丽自然环境中的纪念碑，现在是南非全国的十大文历史文化景观之一。

1 先民纪念馆能俯瞰比勒陀利亚市景，这是纪念白人对南非统治历程的纪念馆，是了解南非殖民史的最佳场地。保护区内环境宜人，景色秀丽，并且有很多动植物供游人欣赏。

2 这是一栋很有特点的建筑，像一个石头垒的高大雄伟的土堡，外面镶嵌着先人雕塑，正面是一位母亲和两个孩子组成的青铜雕像。这座欧洲移民纪念其祖先的纪念馆，面积不大，东西也不是很多，如果对历史不特别感兴趣可以只在外面观赏下建筑。大厅里的大理石壁雕是经典所在，来到这里即便是纯粹欣赏雕刻艺术也是不错的。

tips 小贴士

先民纪念碑的入口处有中文讲解材料可以买，方便英文不好的游客进去参观时作为参考资料，但是中文讲解材料数量不多。纪念碑有很多层，地表是墙体雕塑，描述着白人先驱的迁移历史。地下2层是白人先驱的文化历史。纪念碑塔顶也可以上去，风景不错，可以远眺。

游遍南非

喷泉谷

有景色唯美的野餐地点

INFO 旅游资讯

✉ 位于比勒陀利亚市北郊

喷泉谷（Fountains Valley）是比勒陀利亚人潮最多的周末休闲区和野餐地点。除了健行步道、游乐场和游泳池以外，这里还提供一趟小型火车之旅，路线贯穿整个喷泉谷，沿途风光明媚。这里有形状奇特的山岩，喷涌的泉水与弥漫的雾气使这片土地美景不断，现在被誉为南非自然景观中的一颗明珠，吸引着世界各地的游客。

South Africa 不懂外语也能HIGH

1 来到喷泉谷千万不可错过小火车之旅，坐在火车内，看着沿途的风光，奇特的山岩、断崖和喷泉从眼前飘过，你会被这不断飘来的美景所吸引。

2 喷泉谷就像是一个万花筒，游人们来到这里，可以发现很多有趣好玩的娱乐活动，设施都很完善，除了优美的风景之外，还可回到游乐场，回味童年的乐趣。

市政厅

造型独特的欧式建筑

INFO 旅游资讯

✉ 保罗克鲁格大街 423 号
¥ 免费
⏰ 周一至周六 8:30~16:00，周日及节假日 11:30~16:00

市政厅（City Hall）位于比勒陀利亚保罗克鲁格大街上，是一座非常有特色的欧式建筑。巨型圆顶钟塔上有32个钟琴，还有拥有6800支风管的巨大管风琴。市政厅前有比勒陀利乌斯父子的雕像。

South Africa 不懂外语也能HIGH

1 市政厅的 32 个钟琴在报时时，美妙清脆的音乐流淌在整座城市的上空。市政厅的前厅还有雕塑、喷泉，简直就像一个神秘花园，市政厅内部回廊中的壁画非常有名。

2 市政厅是一座欧式建筑并富有浓重的历史气息，周边美丽的自然景象又很吸引人，静静地坐在这里，就可享受这一切的美好。

国家剧院

规模较大的剧场

INFO 旅游资讯

✉ 320, Pretorius Street, Pretoria
📞 012-3924000
⏰ 8:00 ~ 17:00
🌐 www.statetheare.co.za

国家剧院（State Theatre）是南非规模最大的综合艺术剧院，这座规模庞大的剧场拥有5个演出厅，分别演出歌剧、芭蕾、戏剧、合唱与交响乐音乐会。莎拉布莱曼和世界三大男高音帕瓦罗蒂、多明戈、卡雷拉斯等众多巨星都在此有过精彩的演出。

1 这里是艺术的殿堂，无论你喜欢什么样的艺术形式，在这里都能找到。如果运气足够好的话，可以看到世界一流的巨星在这里演出。剧院有免费的演出时间，免费演出时间表会贴在国家剧院广场前的布告板上。剧场前面有一个跳蚤市场，每周六的上午都会开放。

2 每个国家的剧院都见证了这个国家的历史，不管是演出过的还是目前在演的，都值得驻足欣赏，与博艺术对话。当迈入这间殿堂，深受高雅艺术的洗礼，相信内心是极为平静的。

自由公园

纪念南非独立的过程

自由公园（Freedom Park）是南非最宏大的遗产保护项目之一，以纪念南非的政治史和文化遗产，见证种族隔离制度终结史及和解过程。公园内的建筑风格大量使用石板和花岗岩，并以整洁的小径和宁静的装饰性水文元素连接，在这里可以观赏整座城市的大片景致，也可以独自漫步，细细体味每处风景所带来的历史意义。

INFO 旅游资讯

✉ Potgieter St. 街旁，中央监狱对面
¥ 45兰特；2小时游览20兰特
☎ 012-3364000
🕘 9:00 ~ 17:00；2小时游览出发时间 9:00、12:00、15:00
🌐 www.Freedompark.co.za

1 自由公园特意建立在早期移民纪念馆对面的一座山上，当走进这里时，有一种异常平静的感觉，南非国多曼德拉对这座公园的叙述是：自由公园是一个民族圣地，向那些曾经忍受过无数痛苦的人送上他们应得的尊严，也应当享受自由带来的欢乐。

2 公园内还有很多公共广场以及水上喷泉区域，在剧场里，游客可以看当地特色表演。当然，自由公园的标志一定不能错过，包括由 11 块大石头围绕成的墓园、人名墙、圆形剧场、不熄火焰、领导者走廊、避难所等，除此之外，在公园里还有展示厅，祈祷场所等，都可以进入参观。

3 因为这个公园是一个比较严肃的场所，所以进去餐馆的时候一定要怀着崇敬的心情进入，不能喧哗。

克鲁格博物馆

纪念南非第一任总统

克鲁格博物馆（Kruger House Museum）位于教堂广场的西边，是南非第一任总统保罗·克鲁格的官邸，现在已成为一处博物馆。从1900年至今，这里展出了克鲁格的私人物品和与英布战争相关的物品。房子背后是总统的马车和他的专列。

INFO 旅游资讯

✉ Church St., Pretoria
¥ 成人18兰特，儿童8兰特
☎ 012-3269172
🕘 8:30 ~ 16:00，宗教节日休息

不懂外语也能HIGH

1 这座博物馆并不奢华，有一种无以名状的朴素感。屋内展示的都是总统居住时所用过的一些家具以及一些复制品，在很大程度上还原了克鲁格当时的生活场景。

2 博物馆虽然装饰朴素，但毕竟是总统的官邸，每天都有络绎不绝前来拜访的游人，足以见到当年这里的繁华景象，建筑在保存得也比较完整。

邮政博物馆

展示南非邮政发展史

INFO 旅游资讯

✉ Pretoria Central, Pretoria

邮政博物馆（Post Office Museum）是一座仿制的古老建筑。馆内展示了南非邮政发展史，并收藏有7.5万枚左右的珍贵邮票。博物馆一共有7层，每一层都有不同的展示主题，从集邮到邮政发展史，从现代化的邮政展示厅到专业的邮政图书室有一应俱全。那些精美的邮票是了解南非的最佳窗口，极具历史意义。

不懂外语也能HIGH

1 邮政博物馆中陈列的邮票都具有丰富的历史背景，各式各样的邮票如画展般呈现在人们眼前。走进博物馆就仿佛进入了时光隧道，可以近距离感受南非如诗如画的故事。

2 博物馆的四层陈列了各种与邮政业务相关的器具，有工作流程透视图、储汇业务用具等，还有仿柜台的服务人员可以合照留念呢。七楼为图书室，收藏邮政专业图书11000册，另有期刊100种，在此辟有开放式的阅览室，备有集邮书刊及其他参考书籍，可供邮政学术研究之用。

蓝花楹林荫道

紫蓝色花朵盛开的唯美景色

INFO 旅游资讯

✉ Jacaranda Avenue, Pretoria

比勒陀利亚栽种着7万多棵蓝花楹，也被称之为"蓝花楹之城"。蓝花楹林荫道（Jacaranda Avenue）位于比勒陀利亚的特色街区，路旁种满了蓝花楹，每年春天花儿朵朵开，这条道路成为紫蓝色的海洋，为这座美丽的城市画上一笔迷人的紫蓝色，让人流连忘返。

不懂外语也能HIGH

1 在这精致安静的特色区内，缀满蓝色花蕾的树木遍布每一条街道。而比勒陀利亚城中有约7万棵蓝花楹，春天花开的时候仿佛置身紫蓝色的海洋。

2 这条街上也常举行画展、跳蚤市场等各项活动，还有涂成绿色的妖婆和橘红色的精灵来凑热闹，加上街边名店云集，购物逛累的人们总不免到街道两侧歇歇脚，所以它总是挤满人潮，洋溢着浪漫而令人愉悦的气息，很值得来这里瞧瞧。

库里南钻石矿

参观生产钻石的专业机构

INFO 旅游资讯

📧 Diamond Hub, Cullinan Diamond Mine, Cullinan, Pretoria

🕐 周一到周五 10:30 ~ 14:00；周六到周日 10:30

　　库里南钻石矿（Cullinan Diamonds）位于一个宁静、充满艺术气息的小镇上。这座钻石矿具有100多年的开采历史，至今依然充满活力。迄今为止，世界上所发现的最大钻石来自于这里，使这里成为闻名于世的钻石矿。这个迷人的老采矿小镇，同时也是一个令人愉快的参观地，游客们可以在这里开始一段矿山之旅。

South Africa 不懂外语也能 HIGH

1 来到这里，透过大玻璃窗，可以观看库里南钻石的专业切割人员使用精密的机械设备切割原钻石，随后那些隐藏在原石之下的耀眼光芒逐步显现出来。参观钻石矿，即让人感叹大自然造物的神奇，惊讶于小小钻石所蕴含的财富，也可以说，这是一次关于美的发现之旅。

2 值得一提的是，这个艺术小镇的橡树街两边，保存了一个多世纪的老房子被改造成咖啡店、画廊、工艺品店等，一些南非艺术家定居在这里进行创作。每逢周末，总是有人从各地开车来到这里，参观一下旧址，捧一杯咖啡享受难得的清静。

鲁德普拉特水库

水上运动的理想地点

INFO 旅游资讯

📧 比勒陀利亚北部

¥ 成人 2 兰特，儿童免费，在里面游玩活动需要另收费

　　鲁德普拉特水库（Roodeplaat Dam）位于比勒陀利亚北部，建于1955年，是钓鱼、乘游艇、水上运动和游泳的理想地点。这处大坝起初是用来灌溉的，现在已经成为南非的著名旅游和休闲的景点。由于大坝所在流域水资源非常丰富，加上大坝的造型独特，还有落差巨大的人工瀑布，非常壮观。

South Africa 不懂外语也能 HIGH

1 这里的水资源丰富，在这里玩耍，时常有水花飘荡于空气之中，如果是炎炎夏日，这样的感觉让人顿时觉得清爽。在坝上，远眺壮观的人工瀑布，令人荡气回肠。但即使远离瀑布，也要撑一把伞，因为这里湿度太高了，经常都是水花飘飘的。

2 这里的娱乐设备很完善，来到这里游玩，一定要租船，不然会错过很多乐趣。水库可以钓鱼、游泳，景区内还有露天咖啡馆、野营地等。在这里聚餐，在这美丽的环境中休息，非常舒适悠闲。

旧南非联邦国会大厦

用金矿挖来的钱盖起来的国会大厦

INFO 旅游资讯

✉ 599 Pretorius Street
☎ 012–3410098

旧南非联邦国会大厦（The Old Raadsaal）建于1891年的，大厦有着意大利文艺复兴时期的建筑样式。这座建筑是在德兰士瓦发现金矿时，用所带来的财富修建的，与约翰内斯堡里西大街（Rissik Ave）街上红石结构的邮政局是同一建筑师设计的。

South Africa 不懂**外语**也能 HIGH

1 这座建筑富丽堂皇，装饰异常精美繁复，参观时会让人觉得这座建筑颜色绚丽得有一些刺眼，虽然是旧联邦国会大厦，但是现在仍作为州政府的议事堂使用。

2 陈旧的老式建筑群和广场上现代化的设施形成鲜明对比，这生机勃勃的景象证明了南非迅速发展的同时，也没有忘记这古老的建筑，因为它们才是真正的历史见证者。

南非国家动物园

南非最大的动物园

INFO 旅游资讯

✉ 232 Boom St.Pretoria
￥ 55兰特，儿童35兰特，停车费10兰特
☎ 012–3392700
⏰ 8:00~17:30，16:30 停止售票
🌐 www.nzg.ac.za

南非国家动物园（National Zoological Gardens of South Africa）前身为比勒陀利亚动物园，是世界上最大的动物园之一，也是南非规模最大的动物园。园内有6000米长的步道和3100多种动物。这里还有唯一一只出生在非洲的考拉。参观动物园可以乘坐高尔夫车游览，还有架空的索道和供儿童乘坐的拖拉机。这里还有一个水族馆。每周五游客可以在动物园里露营。

South Africa 不懂**外语**也能 HIGH

1 动物园内有犀牛、角牛、小鹿和猴子等各种动物，猴子们比较容易亲近。动物园内的草地是发黄的颜色，但却是动物们最爱的美食。这里有很多在其他地方都见不到的特色珍稀动物，很值得参观。

2 动物园场馆内的展板数量较多，制造精良，内容十分丰富，对游人很有吸引力。水族馆内的教育宣传图板很多，说明词采用了灯光设计，在黑暗中会借助灯光呈现在游人眼前。

3 在国家动物园里不仅可以看到动物表演，还可以喂食动物，与动物近距离接触，感受可爱的动物们亲近友善的一面。

4 在动物园内还有个小型的高尔夫球场，游客可以在里面打高尔夫。如果游客不想步行游园的话，可以乘坐缆车。游玩累了，可以在餐厅内用餐或者是选择在草坪树荫中野餐。

比勒陀利亚美术馆

展出极具南非特色的艺术品

INFO 旅游资讯

- ✉ Schoeman St., Pretoria
- ¥ 成人6兰特，儿童4兰特
- 📞 021-3441807
- 🕐 周二至周日 10:00~17:00
- 🌐 www.pretoriaartmuseum.co.za

比勒陀利亚美术馆（Pretoria Art Museum）位于比勒陀利亚市中心的街上，馆内收藏很多南非和其他国家的珍贵艺术品。其中拥有一系列精选的南非美术品、一批普通的17世纪荷兰画作。藏品包括皮耶尼夫、弗兰斯·奥尔德和安藤·范沃夫的作品。还有图书馆、不定期的艺术讲座、各国影片介绍及其他艺术活动。

South Africa 不懂外语也能 HIGH

1 喜欢艺术收藏的游人千万不可错过这里，这里展示的画作虽然不是非常出名的艺术家作品，但是极具特色，是南非珍贵的艺术品，这里还有摄影展，提供茶点和便餐。

2 美术馆外部建筑很欧式，极具有参观价值，来到馆内，一幅幅精选的美术作品，勾勒出一个个盛宴，非常值得细品一番。

万德布姆自然保护区

一棵千年老树的所在地

万德布姆自然保护区（Wondeboom Nature Reserve)位于比勒陀利亚北部的马格雷斯堡，面积约1平方千米。该自然保护区主要以一棵树龄在1000年以上的无花果树闻名世界，万德布姆在南非的语言中就有"神奇的树"之意，更确切地说是"奇迹之树"的意思。

INFO 旅游资讯

- ✉ 曼斯菲尔德路 Mansfield(R101)Road

South Africa 不懂外语也能 HIGH

1 这是一个富有人文气息的保护区，除了闻名世界的奇迹之树，一座19世纪修建的波尔堡垒（Boer Forts）更为这个保护区增添了神秘的气息，通过一条小径登上堡垒可以俯瞰城市的景色。

2 万德布姆自然保护区内是一些黑斑羚和斑马等野生动物的家园，这些动物给这里增添了勃勃生机，在这里可以看到这些动物悠闲自得地散步、奔跑，很有趣味。

游遍南非

交通　　　　　　　　　　进出比勒陀利亚

飞机

比勒陀利亚市中心距离约翰内斯堡的坦博国际机场约45千米，游客可以搭乘机场巴士往返机场，机场开出的短程公共汽车每小时都有，50分钟左右即可到达比勒陀利亚国立剧场附近的车站。除此之外还可以乘坐豪登捷运，豪登捷运运行线路连接比勒陀利亚、约翰内斯堡和机场，并途径约翰内斯堡的桑顿区。比勒陀利亚市内的豪登捷运站位于中央商务区，靠近斯克丁和保罗·克鲁格街交会处的火车总站。

火车

比勒陀利亚的铁路网很方便，连接了南非所有主要城市，包括新修建的高速铁路系统，将比勒陀利亚东郊和约翰内斯堡的市中心以及坦博国际机场、索韦托连接起来，出行非常方便，行驶过程中经过足球城体育场和埃利斯公园。比勒陀利亚的主要火车站在城市东部地区，就在教堂广场南面。比勒陀利亚还有国际知名的蓝色列车和非洲之傲，车站位于市中心的保罗·克鲁街首都公园。

比勒陀利亚主要火车车次信息				
名称	特色	票价	电话	备注
非洲之傲	著名景点游	1.6万～4万兰特	012-3158242	非洲之傲将非洲一些最无与伦比的旅游目的地连接在一起
蓝色列车	舒适、豪华	1.5万～2.3万兰特	012-4492672	免费享受车上餐点、美酒、哈瓦那雪茄，以及周到的私人化服务。超豪华车厢房间中甚至配备标准尺寸的浴缸

市内交通

比勒陀利亚市内的主要交通方式是轻轨和出租车。城际轻轨郊区列车往返于比勒陀利亚和约翰内斯堡之间，但车上的犯罪率较高，通常不建议乘坐这类列车。

交通信息		
交通工具	票价	概况
轻轨	—	中央都市轻轨站和长途干线公交（Intercape、Greyhound和Translux）的终点站都在市中心的火车总站
出租车	起步价是36兰特，每千米12兰特	比勒陀利亚乘坐出租车通常是提前预约车辆，游客可通过所在酒店或餐厅员工帮忙打电话预约。南非出租车的行车等候时间是250兰特/小时

住宿

比勒陀利亚可供住宿的酒店有很多，从公寓式的住宿地到五星级酒店都有，可以很容易找到自己喜欢的住宿地，舒适的酒店环境和合理的酒店价格会让你的旅行少一份烦心，多一份姿彩。

比勒陀利亚高档酒店				
中文名称	英文名称	地址	电话	网址
珊瑚树客栈	Coral Tree Inn	69 Korannaberg Rd. Pretoria	012-3478770	www.coraltreeinn.co.za
河草甸庄园	River Meadow Manor	1 Jan Smuts Ave. Twin River Estates Centurion	012-6679660	www.rmmanor.co.za
蓝色钻石精品酒店	Blue Diamond Boutique Hotel	761 Rubenstein Drive Pretoria	012-9405222	www.bluediamond.co.za
勒里巴酒店和水疗中心	Leriba Hotel And Spa	245 End St. Centurion	012-6603300	www.leriba.co.za
百夫长湖酒店	Centurion Lake Hotel	1001 Lenchen Avenue Centurion, Pretoria	012-6433600	www.centurionlakehotel.co.za
克里克勒伍德庄园	Cricklewood Manor	193 Albert Street, Waterkloof Pretoria	012-4608225	www.cricklewood.co.za

比勒陀利亚舒适酒店

中文名称	英文名称	地址	电话	网址
瀑布精品酒店	Waterfalls Boutique Hotel	200 Outeniqua Ave Pretoria	082—5506050	www.waterfallsboutiquehotel.co.za
舍伍德小屋	Sherewood Lodge	Cole Rd Pretoria	012—8092398	www.sherewoodlodge.co.za
N&A旅馆	N & A Guest House	446 Zita St. Pretoria	012—3618818	—
南孙比勒陀利亚酒店	Southern Sun Pretoria	Stanza Bopape St. Pretoria	012—4445500	www.tsogosunhotels.com
伊利里亚宾馆	Illyria House	327 Bourke St. Pretoria	012—3445193	www.illyria.co.za

比勒陀利亚经济酒店

名称	特色	票价	电话	备注
蒙特利埃宾馆	Montpellier Guesthouse	221 Delphinus St Pretoria	012—4604351	—
贾纳别墅宾馆	Villa Jana Guest House	Pretoria	071—0340961	www.montpellierguesthouse.co.za
沙尼宾馆	Shani Guest House	Pretoria	012—3623581	www.shaniboutiquehotel.co.za
鹤巢212号招待所	Cranes Nest Guest House @ 212	212 Boshoff St Pretoria	012—4607223	www.newmuckleneukguesthouse.co.za

美食

比勒陀利亚作为南非的行政首都，不仅风景优美，而且具有"舌尖上的优雅"之称。这里汇聚着很多高档的餐厅，并且市内出现很多新的菜品可供顾客选择，从国际美食到自然地道的南非特色小吃，应有尽有。有最受当地人喜爱的拉佩尔拉（La Perla）、奥德角餐厅（Oude Kaap Restaurant）、卡梅洛特（Camelot）、迪平迪贝格（Diep in die Berg）以及教父（Godfather）等餐厅。虽然开车前往距离较远哈比斯普特水库附近用餐，比较麻烦，但是那里的美味一定让你觉得不虚此行。

比勒陀利亚美食餐厅推荐

1.Zest Bistro

这是一家值得推荐的小酒馆，这里的服务态度和食品质量都非常好。橙子酥是点餐率最高的甜点，蘑菇烩饭也是不错的主食，厨师自己发明的很多新菜品，充满创意又不失美味。

地址：Thomas Edison St. Pretoria

电话：012—4600275

109

2.Restaurant Mosaic

这是一个欧式餐厅，富丽堂皇的装修让你觉得仿佛置身于一个贵族家庭中就餐。菜品十分讲究，专做的欧洲精致美食，很多顾客甚至反应比米其林三星餐厅更美味，而且服务态度非常博得顾客尊敬和喜爱。

地址：The Orient Hotel Crocodile River Valley, Pretoria

电话：012-3712902

3.La Pentola

这间餐厅汇合法国、意大利以及其他富有地中海风情的特色小吃，这里无论是简单温馨的装修还是厨师推荐的菜品都让你有种宾至如归的幸福感，食物价格也非常合理。

地址：5 Riviera Galleries | Well Street, Pretoria

电话：012-3294028

4.Mo-Zam-Bik

这是一家葡萄牙美食餐厅，主要以烹饪海鲜而闻名。露天的就餐环境，合理的价位都让这家餐厅颇受欢迎，自制的海鲜酱也十分美味，这样一家类似于国内大排档的餐厅，从就餐氛围上都一定让人熟悉又喜欢。

地址：Shop 1, Trinity VIllage, Knoppiesdoring Street Pretoria

电话：012-4497809

5.Fumo

这是一家性价比很高的餐厅，提供正宗的意大利美味菜肴。这里的比萨颇受顾客欢迎，烘烤小羊腿、鸭脯肉、香草芝士牛肉都是食肉爱好者必点的菜品。而受到多数女性爱好者追捧的则是这家的巧克力蛋奶酥，总之精致实惠的美味无论何时都绽放着光彩。

地址：48 Bronkhorst Street Groenkloof, Pretoria

电话：012-3460916

购物

比勒陀利亚城内的购物中心都具有一定规模，其中有很多吸引人的购物地点，里面的商品应有尽有。吸引很多游客喜爱的是具有非洲特色的工艺品，像波斯的羊皮外套、鳄鱼皮包、古董、手工编织的毛毯、钻石及其他设计者亲自设计的精品宝石首饰等。

很多人传统的意识之中，时尚一直与非洲大陆显得格格不入，但南非的服饰不仅款式新颖、用料讲究，而且价格公道，多逛逛后，当地的流行服饰会是意料之外的购物收获。

此外，古玩店与跳蚤市场则是解读南非神秘的绝佳去处。市场当中，无论是造型古朴的古董，还是维多利亚或佐治亚式的家具，或是古老珠宝、地图、善本书，都贮藏了南非的古老。

沿布里街而行，综合剧院后的东方广场（Oriental Plaza）仍然是一个游客尚未发掘到的地方。到这里来的顾客可以找到价位低廉的轻柔印度棉质裙，也可以找到制作特色窗帘的材料等平常购物中心，遇见不常见的商品。

1.专业书店

两家名为"专业书店"的书店（Exclsive Books）分别位于海德公园（Hyde Park）与扬恩斯穆茨大道（Jan Smuts Ave）的海德公园中心（Hyde Park Centre）里，两店都有各式各样介绍南非的书籍。

地址：Jan Smuts Avenue,Sandton

电话：011-3254298

开放时间：周六及周日9:00～10:30

网址：www.exclus1ves.co.za

2.Fragile Vintage Memories

这家特色的淘宝城最吸引人的是有趣的小商品和书籍，还有具有装饰意义的艺术品、古董家具、漂亮的陶器、小苗圃等。这里就是一个自由的大市场，有十分美味的餐厅，烤卡鲁羊肉、蛋糕、咖啡等都在招待你的味蕾。

地址：Lynnwood Rd Pretoria 0184

South Africa

电话：084-9861443

网址：www.karoolifestyle.co.za

3.Hazel Food Market

这是一个特殊的跳蚤市场，就像一个美食街，有非常多美味的食品，这里不仅有常见的食材，还有不少爱做食物的老板把做饭当作一种艺术，所以这里的食品更像一种工艺品，不仅美味更好看。

地址：Greenlyn Village Centre Pretoria

电话：083-5545636

娱乐

比勒陀利亚的娱乐项目多种多样，娱乐生活丰富多彩，从水上活动到灯红酒绿的夜间酒吧，从剧院的高雅艺术到公园中野游，从白天至深夜一直都是热闹非凡，来到这里，你一定会融入这座热情的城市，丰富的活动定会为你的南非之旅增加色彩。

剧院信息	
剧场	**备注**
南非国家剧院	位于比勒陀利亚市中心，这里是南非最大规模的综合剧院，定期会有话剧、爵士乐和芭蕾舞剧的演出。周六上午在这里还有跳蚤广场开放
Atterbury Theatre	这个剧院的规模不大，但看演出比较舒服。剧院全年都有剧目上演，而且剧目的种类繁多
Centurion Theater	这个剧院不经常上演歌剧，而多上演乐队现场表演、流行音乐会、童话剧、脱口秀等节目

其他娱乐推荐			
名称	**地址**	**电话**	**类型**
Horseback Africa	P.O.Box905 Cullinan,Pretoria	012-7359909	骑马旅行路线
Hap	115 Malherbe Street Capital Park Pretoria,Pretoria 0084	076-8429212	俱乐部
Life Day SPA	Leslie Ave. Sandton	011-4657777	水疗中心
Illyria House SPA	Street Muckleneuk，Pretoria	012-3446035	水疗中心
Horseback Africa	Plot 16, Hills and Dales Lanseria, Gauteng	012-7359909	狩猎之旅

111

第二站，约翰内斯堡

约翰内斯堡虽不是南非的首都，却比首都更出名，这个南非最大的城市其"黄金城"的称号，彰显了它在南非的重要地位。走进约翰内斯堡，感受黄金带来的震撼吧！

约翰内斯堡印象

黄金城

　　"黄金城"的美誉表明了黄金在不仅在南非这个国家占据的重要地位，而且在约翰内斯堡也占有很重要的地位。南非很早以前就是世界著名的产金国，早在1898年，南非的黄金产量就高居世界之首。在约翰内斯堡这座被称为黄金城的大都市，可以领略黄金给你带来震撼。

购物天堂

　　约翰内斯堡对于海外游客来说，可谓是购物者的天堂。虽然它拥有许多的大型购物中心，但是游客的真正兴趣却在于它各色各样的当地产品，因为这是馈送朋友的最理想的礼品。这里手工艺品不仅构思独特，而且形式多样，从串珠缘饰、木雕、野生动物纪念品到本土艺术，都是世界上独一无二的。

建筑之都

　　约翰内斯堡沧桑的历史体现在建筑细节之中，这些建筑风格多种多样，既有独具殖民地风格的农庄，也有亚洲风格的建筑和著名的荷兰式农舍以及赫伯特·贝克所设计的建筑。约翰内斯堡的现代建筑可与世界一些最知名的当代设计相媲美。

绝美夜景

　　约翰内斯堡的夜景是每一个坐夜间航班抵达此处游客们最意外的惊喜，在飞机即将降落的时候，机组人员会熄灭飞机上的灯光，使游客能更清楚地欣赏到约翰内斯堡的美景。

游在约翰内斯堡

非洲博物馆

约翰内斯堡的"城市之魂"

非洲博物馆（Museum Africa）建于1994年，有着约翰内斯堡"城市之魂"的美誉。非洲博物馆是一座介绍非洲民族的杰出展馆，展示了大量南非人、部落以及非洲其他地方使用过的工具、设备、居住的小屋、艺术手工艺品等。这些展品反映非洲民族生活和文化特征，具有较高的参观价值。

INFO 旅游资讯

✉ 121 Bree St, Newtown, Johannesburg
☎ 011-8335624
¥ 7兰特，周日免费
⏱ 周二至周日9:00～17:00，周一休息

South Africa 不懂外语也能HIGH

1. 非洲博物馆内呈现的展品让人们感受到了不一样的历史文化，带着小孩去参观，会大开眼界。这里不仅是约堡最美丽的建筑之一，更是世界上独一无二的了解非洲和南非的场所。

2. 非洲人的手工艺真的相当精湛，用最原始的材料做出如此精美又实用的工艺用品让人大跌眼镜。博物馆多以怀旧为主题，但是也会展出一些有关全球发展的展品，在这里不仅能感受到历史，还能够看到非洲的发展，让游客们对这里充满了好奇。

足球城市球场

南非国家队主场

足球城市球场（Soccer City Stadium）建于1987年，是南非第一座现代化的足球场。球场能够容纳近10万人，是南非国家队的第一主场，同时也是2010年南非世界杯的主球场。由于球场容量大，设施豪华，足球城体育场被看作是承办南非世界杯的10座球场中的"旗舰店"。

INFO 旅游资讯

✉ Nasrec,Johannesburg
☎ 011-4943640
¥ 成人60兰特；家庭票160兰特（2个成人，3个孩子）
🚗 自驾从Von Weilligh St. 向南方向，前往Commissioner St.，之后上Main Reef Rd./Main Reef Weg/R41，之后再进入纳斯瑞科路，然后进入Fnb1，朝Fnb2行进210米即达

不懂外语也能HIGH

1 球场附近的小摊边有球迷装备，阿根廷队的蓝黄色围巾、既能防寒又能防"呜呜祖拉"的耳套，海域会闪蓝光的牛角，一路下来拐七八个弯，就到了这座能容纳近10万观众的南非世界杯上最大的球场。

2 球场是约翰内斯堡的骄傲，曾经万人瞩目的足球城体育场，而如今门窗紧闭，2010世界杯时人头攒动的现象早已不再。虽然没有在2010年南非世界杯时亲临现场，但走到2010年南非世界杯主会场的跟前时，闭上眼睛倾听，仿佛又回到了那年的情景，耳边又想起了2010年南非世界杯的主题曲《非洲时刻》。

约翰内斯堡动物园

世界十大动物园之一

约翰内斯堡动物园（Johanndsburg Zoo）建于1904年，是世界十大动物园之一。约翰内斯堡动物园的主要功能是为来自

INFO 旅游资讯

✉ Parkview 的 Jan Smuts Av 大道和 Upper Park Drive 路交叉口

📞 11-6462000

¥ 32兰特，儿童19兰特

🕐 8:30 ~ 17:30

世界各地的动物提供栖息地，为它们营造良好的自然生活空间。目前，约翰内斯堡动物园拥有3000种以上的哺乳类、鸟类和爬虫各类动物。这里有很多独特的设计，都非常受游客的青睐。

不懂外语也能HIGH

1 约翰内斯堡动物国让人印象比较深的是门口的动物石刻雕塑，非常原始，与园内充满野趣的风格相呼应。动物园不算小，品种挺齐全的非常值得去看一看。

2 动物园中狮子、大象、长颈鹿以及大型猿类的围场四周只有壕沟划分，完全没有铁栏杆，因此大受游客欢迎。另外新设计的北极熊栖息地以及人可在里面来回走动的大鸟笼也非常有趣。

3 动物园中有座特兰斯瓦蛇园（TransvaalSnakePark），园里展出各式各样的非洲蛇，布景相当吸引人。每天有两次专为游客举行的如何抽取世上最毒的毒蛇毒液的表演。

tips 小贴士

动物园中狮子、大象、长颈鹿，以及大型猿类的围场四周只有壕沟划分，完全没有铁栏杆，这样的近距离接触虽然刺激，但是也要保持安全距离，毕竟都是野生动物，防止意外发生。另外有一处儿童宠物玩赏场，可以观看夜间动物，并可以围坐在篝火旁享用糖稀和巧克力热饮。

游遍南非

约翰内斯堡植物园

约翰内斯堡植物园（Johannesburg Botanical Garden）内拥有超过1万株玫瑰花，3万余株树木，一共收集了2万多种植物。植物园的面貌合理保留和巧妙利用了原有的自然环境。植物园集莎士比亚花园、玫瑰花园、香草园、鸟之岛、野餐区、遛狗区等为一体，风景迷人，是个漫步休闲的好去处。

INFO 旅游资讯

✉ Olifants Road,Emmarentia,Johannesburg
☎ 011-7827064

莎士比亚园

莎士比亚园的外形呈椭圆形，周围用月桂衬为绿篱。这座花园设计灵感来源于莎士比亚名著《仲夏夜之梦》，园内的植物有山楂、香桃木、牡丹、蔷薇、黑角兰，还有薄荷、薰衣草等。每个植物标牌上除了常见的植物学信息外，还浪漫贴心地注释了《仲夏夜之梦》中的原文。每年这里都举行莎士比亚诞辰的纪念活动，吸引众多游客前来席地观赏，沉浸在浪漫的艺术海洋。

草本植物园

草本植物园源于十六七世纪的私家草药园。其布局上采用隐修院的回廊设计，充分考虑人与植物的亲密接触，园内以月桂属植物作为绿篱，以非洲柿为背景，收集展示了多种传统药用植物，还有非洲当地的药用植物以及蔬菜、提炼化妆用品的植物等，在园中游览，可体验每种植物的神奇价值。

月季园

月季园建于1964年，成为植物园的一部分，后来重新设计并仍然保有原先的巴洛克风。60多种4500多株的月季以花色区分版块，布置在草坪中，在喷泉、跌水的映衬下，为宁静的植物园增添了几分动感。

South Africa **不懂外语也能HIGH**

1 植物园还是非常漂亮的，有莎士比亚花园、露台玫瑰园、香草园等等特别多的美丽花园，尤其是草本植物公园极为漂亮。植物园不止漂亮，来到这里，还能长很多知识，非常值得一去。

2 植物园内的每一处设计都非常细致，值得花时间来细细品味，这里环境很好，在公园的小路上漫步，徜徉在这里花海里，心情无比轻松惬意。

卡尔通瞭望台

INFO 旅游资讯

✉ 50FL，Carlton Centre
📞 011-3081331
¥ 7.5兰特
🕐 9:00 ~ 20:00

卡尔通瞭望台（Carltan Panolama)位于离中央车站600米处的50层大楼上，是约翰内斯堡的地标地下有购物中心，顶楼有瞭望台，可以将整个约翰内斯堡市景尽收眼底，大楼中还有餐厅和特产专卖店。

South Africa　不懂外语也能HIGH

1 卡尔通瞭望台是观看约翰内斯堡美景的最佳地，登上这里可一观南非最大城市的风采，无论是白天人潮人海中的繁华，还是夜生活的多姿多彩都会让人对这个城市充满了期待。

2 在瞭望台也可以享受一下清净，在这栋建筑的楼下疯狂购物，累了就坐下来吃点美味佳肴，渴了就来杯咖啡歇一会，然后再上卡尔通瞭望台感受"一览众山小"的感觉。

种族隔离博物馆

INFO 旅游资讯

✉ Ormonde 的 Northern Parkway 路和 Gold Reef Rd 路交叉口
📞 011-3904700
¥ 成人65兰特，儿童50兰特
🕐 周二至周日 10:00 ~ 17:00，周一闭馆
🌐 www.apartheidmuseum.org

种族隔离博物馆（South African Apartheid Museum）位于约翰内斯堡市西南角，以丰富的史料和实物揭露了南非种族隔离时期的黑暗，这座颇有影响力的博物馆展示了南非结束种族隔离政策以来，如何从"黑白分明"发展成为一个"彩虹之国"。博物馆本身的设计很有创意，多方面反映了种族隔离制度的冷峻主题。缴纳门票时，会随机抽得白色或非白色门票，从两个不同人口进入，以象征种族隔离。

South Africa　不懂外语也能HIGH

1 如果想了解南非历史，这是不得不去的一家博物馆，馆内用图片和影像的方式让人们了解南非，种族隔离的黑暗时期赤裸裸地暴露在人们面前。建筑风格与这种沉闷灰暗的氛围非常相似，让人心情很沉重。

2 种族隔离博物馆内浓缩了南非的历史，来到这里可以更好地、更加全面地了解南非的历史文化，同时还可以了解一些关于种族的问题。

约翰内斯堡艺廊

展示非洲部落文化之地

INFO 旅游资讯

✉ Cnr Klein and King George Streets, Joubert Park, Johannesburg

📞 011-7253130

约翰内斯堡艺廊（Johannesburg Art Gallery）位于约翰内斯堡市中心朱伯特公园内。馆中拥有足以代表国际及南非艺术的收藏和一间收藏超过2500件版画的陈列室。非洲部落艺术的展出地点则在维瓦特兰大学的葛楚波赛尔艺廊，该馆专门展出逐渐消失的非洲艺术品，如面具、头饰和珠饰细工等。

South Africa

不懂外语也能 HIGH

1 看过馆内的展览，细细品味那些原生态的陈列品，回溯时间的长廊，非常有意义。

2 这座艺术长廊位于郁郁葱葱的公园内，虽然很难找到，但是非常值得前来观赏。长廊中除了丰富的展品外，还有可以看到非洲逐渐消失的艺术品。

勒赛迪文化村

南非文化窗口

INFO 旅游资讯

✉ Portion 198 Of Farm no493

📞 012-2051394

¥ 文化体验+饮食的1日旅行约300兰特

🌐 www.lesedi.com

勒赛迪文化村（Lessdi Cultrual Village）成立于1993年，号称"南非文化窗口"，是南非本土的民俗村。这是一个多元化的非洲部落聚居地，对于南非非常重要，最具特色的5个部落有祖鲁庄（Zulu）、科萨庄（Xhosu）、佩迪庄（Pediatric）、巴梭托庄（Basotho）和恩德贝利庄（Ndebele）。这里有着非洲最原始的美味佳肴，有原生态的民族舞蹈表演，以及他们的生活日常场景。

South Africa

不懂外语也能 HIGH

1 在这里，可以直接感受到南非原居民的热情、淳朴、豪放和多彩的民俗，欣赏到别具特色的民族建筑。民俗村内有卖手工艺品的摊位，那色彩浓郁、琳琅满目的艺术品，应接不暇。从这里的木雕、贝饰可以看出这里的人民是勤劳，善良爱美的。

2 中午可在勒赛迪文化村吃民俗午餐，午餐后这里有民俗表演，每一场表演都有对舞蹈的讲解，游客们可以和他们一起共舞。

3 勒赛迪文化村游览内容丰富多彩，上午内容以午餐收尾，下午内容以晚餐收尾，大家可以在圆形剧场围着大型篝火观看几十位表演者的传统音乐舞蹈的表演，如果想继续游览，这里有价格中等的住宿地，主要是传统的带防兽围栏的小屋，以及恩德贝勒人工艺品装饰的圆形茅屋。

Part 6

第二站·约翰内斯堡

曼德拉广场

约翰内斯堡人气广场

INFO 旅游资讯

✉ Cnr Rivonia Road and 5th Street, Sandton, Johannesburg

📞 11-2176000

　　曼德拉广场（Nelson Mandela Square）位于约翰内斯堡市中心，是约翰内斯堡人气最旺的地方之一。广场附近有许多出售世界品牌的商店，非常值得一逛。广场上有一座6米高的曼德拉铜像。为了庆祝南非民主独立10周年，广场被改称为"桑顿城的尼尔森曼德拉广场"。

South Africa 不懂外语也能HIGH

1 曼德拉广场上有很大的曼德拉铜像，曼德拉逝世的时候广场上聚满了缅怀曼德拉的人，令人动容。平时这里也是约翰内斯堡最热闹的地方之一，各种街头的表演、绘画等等都能在这里看到。

2 曼德拉广场上有一个四方喷泉，吸引很多人驻足，四周还有很多风格各异的建筑，都很值得细细品味。

狮子公园

园内栖息着众多野生狮子

INFO 旅游资讯

✉ Cnr.R512&Muldersdrift Rd.

📞 011-6919905

🚕 从约翰内斯堡市中心乘坐预约出租车35兰特可到

¥ 成年人70兰特，儿童50兰特，4岁以下儿童不收费

🕐 8:30 ~ 17:00

🌐 www.lion-park.com

　　狮子公园（Lion Park）位于约翰内斯堡中心地区，以众多野生狮子栖于园内而得名，多样的主题活动使得游客可以和动物们近距离的接触，园中有超过80头的狮子，其中包括罕见的白色狮子。还有许多其他动物，如猎豹、鬣狗以及各种野生的非洲羚羊。在狮子公园里可以看见5个月左右大的小狮子，可以进去抚摸，狮园内可以驾车或步行参观。

不懂外语也能HIGH

1 狮子园中有出生不久的小狮子，游客可以在训导员的监督下与幼狮进行接触。进去后可以抚摸它们，但是小狮子仍然属于野生动物，有时也会咬人抓人，所以游客进去后不要抚摸它们的头和尾巴，摸完小狮子后要记得洗手，以防被野生动物身上的细菌感染。

2 狮子公园中大都是生性猛烈的动物，为了保护游客的安全，公园内的安全设施很完善。园中有很珍贵的白色狮子，还有其他很多种类的野生动物。

tips 小贴士

狮子公园中的狮子们已经习惯了汽车的存在，会毫不犹豫地爬上车，所以为安全起见车窗至少要关一半。其他动物鬣狗、猎豹和各种羚羊可以近距离观赏，也可以爬上一座塔喂长颈鹿枝叶。

唐人街

世界上最年轻的唐人街

INFO 旅游资讯

✉ Cyrildene, Johannesburg, Gauteng

约翰内斯堡最有名的唐人街要数西罗町大街（Cyrildene），它位于约翰内斯堡东区邻近布鲁玛湖的地方，于2005年底被正式注册成了唐人街。这条长约610米的街道，林阴遮蔽，有近百家店铺，除了少数几家中国香港、台湾人经营的店铺外，其余多数均为来自中国大陆的商人开设的。这是非洲的第一条唐人街，也是世界上最年轻的唐人街。

不懂外语也能HIGH

1 这里有林荫遮蔽的街道，店铺林立，汉字招牌的门脸。街道不仅很宽阔，而且看起来有些像国内的集贸市场，虽然有些乱，但看到熟悉的方块字还是很亲切的，这里居住的人基本全是中国人，有种回到家乡的感觉。

2 世界各地大城市都有一个唐人街，到了南非，这里的唐人街虽然说不是很大很有名，但是体验到中国的气息和韵味，亲切感就油然而生。

黄金城

金矿主题公园

INFO 旅游资讯

✉ Off Xavier Road, Johannesburg
📞 011-2486800
🕐 周二至周日 9:30 ~ 17:00，周一、圣诞节休息

黄金城（Gold Reef City）位于约翰内斯堡南部，是在金矿旧址上建立的主题公园，也是约翰内斯堡最出名的旅游点。园内设计也是仿造那个年代的样式，反映当时繁荣的银行、邮局、警察局、餐厅、酒吧等。现在园中有不同种类的过山车和其他惊险刺激的游乐项目，还有各种主题表演。

不懂外语也能HIGH

1 这是约翰内斯堡市区为数不多的主题公园之一，可下到矿井深处，感受当年采矿的艰辛，参观金礁城，跟随矿工下到地下 200 多米的矿井，还有观看熔金表演，都是来到这里不错的行程。

2 约城故事是黄金城主题公园的游玩项目之一，也是最受欢迎的项目之一。导游会带领游览翻修过的矿工村舍，那里的员工会穿着淘金时代的服饰，带你观看黄金冶炼的过程并游览金矿。

3 游客们可以乘着喷着蒸气缓缓行进的老式火车，浏览这些古老建筑，仿佛回到了 18 世纪。黄金城内还有多种游乐设施供游客娱乐，一架类似"海盗船"的大型空中转车特别受青少年的欢迎。

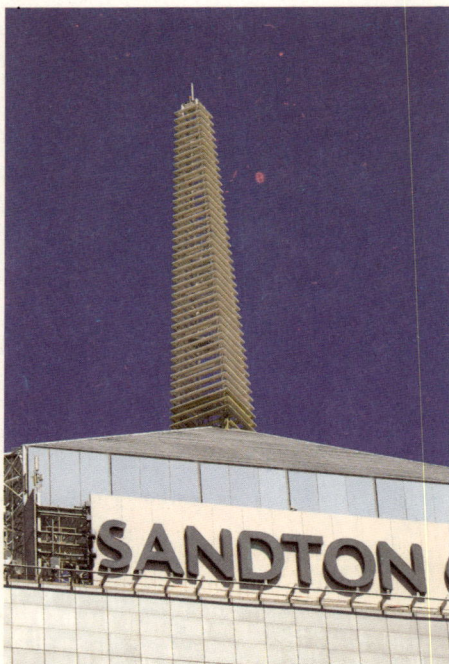

桑顿城
大型购物中心

桑顿城（santon city）位于约翰内斯堡北部的中心商区，是一个集购物、饮食、娱乐于一体的大型购物中心，同时也是南非最著名的购物中心之一。桑顿城从奢侈到平价品牌齐全，服饰也很时尚。可满足一切顾客的需求。顾客在购物之余也可以买到最好的咖啡和点心。桑顿城的交通便利，距离高速公路和桑顿商务区的主要大道都很近。

INFO 旅游资讯

✉ 1st Floor Medical Mews, Sandton City, Johannesburg
☎ 011–2176000
🌐 www.santoncity.com

不懂外语也能HIGH

1 这里是一个大型的购物中心，里面各种名牌应有尽有，并集中了五星级酒店、银行、书店、大型CD店、名牌服装专卖店、超市、艺术品店、珠宝店、电器店、各种风格的餐厅、咖啡店、酒吧，以及放映最新好莱坞巨片的电影院等。

2 桑顿购物中心的商品，包含了从最知名的国际品牌，到当地的特色手工艺品，十分齐全。作为南非最古老、最高档的商场之一，桑顿城购物中心店铺营运时间周一至周六 9:00 ~ 18:00，周日 10:00 ~ 16:00。

交通

进出约翰内斯堡

飞机

　　奥利弗·雷金纳德·坦博国际机场（OR Tambo International Airport）距离市中心约22千米，是南非乃至非洲最繁忙的机场。它与欧洲许多城市有直航线路连接，包括伦敦、阿姆斯特丹和法兰克福。在美国的纽约和亚特兰大以及澳大利亚的珀斯和悉尼也都有飞往这里的直达航班。中国北京、上海和香港都有直飞约翰内斯堡的航班，飞行时间13～15小时，从新加坡到约翰内斯堡只要10个小时。此外，机场还有飞往南非开普敦、德班、伊丽莎白港、布隆方丹和南非其他主要城市的航班，同时也通向其他不少非洲的城市。

奥利弗·雷金纳德·坦博国际机场资讯		
地址	O R Tambo Airport Rd., Johannesburg	
电话	11-9216262	
交通	巴士	从机场到约翰内斯堡市区的巴士主要由魔力公交公司、机场纽带公交公司和机场巴士公司3家巴士运营。费用为400兰特每人，同一旅游团每增加一人多收60兰特
	出租车	出租车较贵，开往约翰内斯堡市中心大概389兰特
	豪登捷运	豪登捷运主要是往返于桑顿和约翰内斯堡机场，工作日每12分钟一班，周六和周日每30分钟一班。从机场到桑顿需15分钟车程。可在各站点购买豪登捷运金卡，10兰特注册费，车费为105兰特
网址	www.acsa.co.za	

火车

　　约翰内斯堡作为南非最大的城市，铁路网络四通八达，Spoornet铁路公司负责南非主要城市的国家铁路网络运营，其铁路网覆盖城市包括约翰内斯堡、开普敦、德班、比勒陀利亚、布隆方丹、金伯利、伊丽莎白港、东伦敦等。约翰内斯堡的中心火车站是公园车站，交通非常方便快捷。

约翰内斯堡火车座席信息			
名称	特色	票价	备注
头等舱	舒适、豪华	豪华软卧票价为1400~1575兰特，5~11岁儿童915兰特，4岁以下儿童免费	每周两次往返于约翰内斯堡和开普敦，豪华软卧提供餐饮
商务舱	廉价、服务周到	二等卧铺350兰特，头等卧铺520兰特；5~11岁儿童半价，4岁以下儿童免费	商务舱列车廉价，但有餐厅，有洗漱热水
经济舱	价格便宜	—	车况较差，只有硬座，一般没有餐车，不推荐长途旅行乘坐，尤其是要过夜的旅程

长途汽车

　　约翰内斯堡有多条长途城际巴士线路，公园车站是所有长途汽车的停靠站点。所有的主要长途巴士公司都会提供约翰内斯堡往返各主要城市的公共交通服务。巴士设备齐全，搭乘较便捷，同时还有豪华客车连接比勒陀利亚与所有国内主要城市和南部非洲的主要目的地。提供巴士服务的公司主要有Greyhound、Translux、Magic Bus、S.A Roadlink以及The Baz Bus。

市内交通

　　约翰内斯堡市内的主要交通方式是公交、出租车，主要站点遍布约翰内斯堡各个角落，往来频繁，交通方便。

交通信息		
交通工具	**票价**	**概况**
公交车	—	市区公交车路线完整，可以到市政厅的公车售票处购买系统图。需要注意的是仅有双层公交车分为第一层禁烟区，第二层吸烟区，其他的都禁烟。公交车路线只来往于郊区和市区之间，周六日不发车，所以对于旅客而言机动性较低
出租车	起步价为35兰特；11.5兰特/千米	约翰内斯堡的出租车分为Meter Taxi和Min bus Taxi，一般需要电话预订，可以请酒店服务台打电话到营业所帮忙预约出租车。需要提醒的是，上车前记得查看是否为登记有牌照的车，是否有跳表机以免被敲诈

住宿

  作为世界著名的旅游城市，约翰内斯堡各种档次的酒店众多，设施完善，服务周到。在约翰内斯堡有多种住宿方式可供选择，豪华酒店、农舍、山林小屋、寄宿客房、假日农场、青年旅馆、提供住宿和早餐的饭馆等，可以视自己的情况而选择。约翰内斯堡的经济型酒店种类多且消费划算，正规酒店房间内设施齐全，干净舒适，但是都要提前预订。约翰内斯堡很多酒店特别是五星级的大酒店，都具有19世纪的英国风情，宽阔的中庭让游客有一种复古的感受。

约翰内斯堡高档酒店				
中文名称	**英文名称**	**地址**	**电话**	**网址**
马里昂尼科尔酒店	The Marion on Nicol Hotel	Hamilton Ave., Sandton	011-7837816	www.mariononnicol.co.za
莱斯登斯酒店	The Residence	17 4th Ave., Houghton Estate, Johannesburg	011-8532480	www.theresidence.co.za
梅罗斯非洲之骄酒店	African Pride Melrose Arch	1 Melrose Square, Johannesburg	011-2146666	www.marriott.com
米开朗基罗宾馆	Michelangelo Hotel	135 West St., West Tower Sandton Square, Sandton, Johannesburg	011-2827000	www.legacyhotels.co.za
约翰内斯堡凯悦酒店	Hyatt Regency Johannesburg	191 Oxford Road, Johannesburg	011-2801234	www.johannesburg.regency.hyatt.com
皇家公主花园甘露酒店	The Royal Princess Garden Honeydew	111 Malibongwe Dr, Johannesburg	011-7823111	www.royalprincessgarden.com

125

约翰内斯堡舒适酒店

中文名称	英文名称	地址	电话	网址
斯普莱斯赫普城市酒店	Urban Hip Hotels Splice	4 Main Ave., Johannesburg	011—6467791	www.urbanhiphotels.com
丽笙蓝光伽塔琳酒店	Radisson Blu Gautrain Hotel	Rivonia Road Sandton, Johannesburg	011—2861000	www.radissonblu.com
风景精品酒店	The View Boutique Hotel	19 Molesey Ave., Johannesburg	011—7264728	www.theviewhotel.co.za
印达巴酒店	Indaba Hotel	William Nicol Dr, Johannesburg	011—8406600	www.indabahotel.co.za
米斯泰山乡村酒店	Misty Hills Country Hotel	69 Drift Blvd, Muldersdrift, Johannesburg	011—9506000	www.mistyhillscountryhotel.com
里沃尼亚食宿酒店	Rivonia Bed & Breakfast	3 River Road, Entrance via 10th Avenue, Edenburg, Johannesburg	011—8032790	www.rivoniabb.co.za
普罗蒂亚交通酒店	Protea Hotel Transit	Terminal A, OR Tambo International Airport, 6 Terminal Crescent, Johannesburg	011—3901160	www.proteahotels.com
阿波罗酒店	Apollo Hotel	158 Bram Fischer Dr, Johannesburg	011—7875434	www.apollohotel.co.za

约翰内斯堡经济旅馆

中文名称	英文名称	地址	电话	网址
贝尔戈薇旅店	Bellgrove House	8A Trebyam Ave., Sandton, Johannesburg	011—8034643	www.bellgrove.co.za
布什电报旅馆	By Bush Telegraph Lodge	22 Riboville Rd., Midrand, Johannesburg	011—3141702	www.bbtlodge.com
曼娜行政宾馆	Mannah Executive Guestlodge	39 Pomona Rd., Kempton Park, Johannesburg	011—9792820	www.mannah.co.za
祖鲁人尼亚拉乡村庄园	Zulu Nyala Country Manor	270 3rd Rd., Fourways, Johannesburg	011—7029300	www.zulunyala.com
夏天景旅客小屋	Summerview Guest Lodge	34 Chapel Rd., Sandton, Johannesburg	011—4621269	www.summerview.co.za
爱若客栈	Aero Guest Lodge	81 Kempton Rd., Kempton Park, Johannesburg	011—9759022	www.aeroguestlodge.co.za

美食

约翰内斯堡是南非最大的城市，现今已经是一座美食之城，各类美食数不胜数，除了当地的特色小吃外，还汇集了世界各地的美食，如法国大餐、意大利菜、葡萄牙菜等多国籍料理，味道很正宗。还有不可错过的约翰内斯堡代表性食物，如波波提、布雷迪、索沙提、醋特泥以及科克苏丝特等，来到约翰内斯堡一定要尝尝正宗的味道。

约翰内斯堡必尝美食

波波提

波波提是当地的特色美食，集色香味于一体，受很多人喜欢。它（Bobotie）用碎肉制成，吃起来味道甜甜香香。

布雷迪

布雷迪（Bredie）是传统羊肉和蔬菜混在一块儿烤煮的食物，在约翰内斯堡大街小巷的餐厅内都可以品尝到这种特色美食。

索沙提

索沙提（Sosaties）是羊肉或猪肉与小片洋葱串成的烤肉串。这种烤肉串在约翰内斯堡是到处可见，同时加上特制的调料，味道很独特，十分美味。

醋特泥

醋特泥（Chutney）是一种酸甜味的果酱，可与咖喱合在一块儿当佐料。在早餐经常出现，放在面包上，味道很浓烈。

科克苏丝特

科克苏丝特（Koeksusters）是一种甜食，浸在糖浆里，味道比较重，吃多了会腻，不过浅尝辄止还是不失美味的，作为特色美食，也值得尝试一下。

斯蒂尔斯汉堡

斯蒂尔斯汉堡是南非汉堡餐馆的佼佼者，诣在为客人提供"真正的汉堡"。除了一系列的牛肉、鸡肉、蔬菜汉堡外，还有它的招牌"King Steers Burger"。同时还有明火烧烤排骨、英雄牛排卷、冰激凌和奶昔。

马刺牛排

马刺牛排在南非有40多年历史，已经成为南非饮食中不可缺少的部分。马刺牛排集美味、营养、品种多样于一体，非常受人欢迎。

约翰内斯堡美食餐厅推荐

1.Daruma

这是家日本料理店，环境雅致，有寿司专台、铁板专台，提供日本酒和葡萄酒。可在此品尝正宗的日本美食。日本服务员对顾客的态度也很恭敬。

地址：63 Snell Parade, Durban Johanesburg

电话：031-3621322

网址：www.daruma.co.za

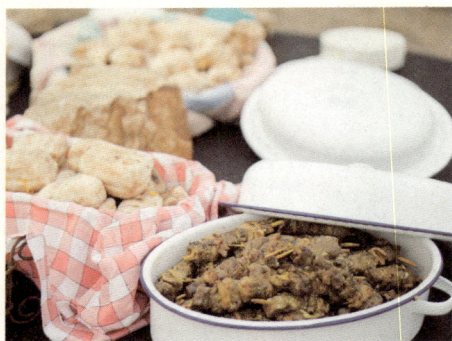

2.Browns of Rivonia

这家餐厅坐落在一间旧农舍的庭院里，就餐环境舒适宜人，特色推荐佳肴有烤羔羊肉、三文鱼夹心烤烙饼，芥末牛脊肉也颇受好评。这里还有一个酒窖，里面有近3000种葡萄酒可供选择。

地址：21 Wessel Rd.,Rivonia, Johannesburg

电话：011-8037533

3.Bukhara

这间餐厅位于米开朗琪罗酒店（Michelangelo Hotel）门口，是南非最好的印度餐厅之一，有许多印度北部的美食。这里的特色是顾客可以透过大橱窗观看到厨师烹饪全过程。

地址：Nelson Mandela Square, Sandton City

电话：011-8835555

4.Butcher Shop&Grill

这里凭借佐以各种酱料的熟牛排而闻名，在这里你可以自选肉块，并且还有很多海鲜、甜点牛排是这里是最原汁原味的，每周售出约5吨，可见受欢迎程度。

地址：Nelson Mandela Square, Sandton City

电话：011-7848676

5.Gramadoelas

这间餐厅可谓历史悠久，较长的经营时间赢得了不少新老顾客的信任，现成为非洲美食最好的代表餐厅之一。特色南非菜肴包括炸可乐豆木虫、香辣烤肉串、咖喱肉末等，还有不少埃塞俄比亚和摩洛哥菜式，都颇受食客的欢迎。

地址：Market Theatre Complex, Bree St.,Newtown

电话：011-8386960

6.Moyo

这里位于时尚的梅尔罗斯拱门酒店内的一家高端的非洲主题连锁餐厅的总店，在南非很受欢迎，这里淳朴的烛光装饰既时尚又具有民族特色。这家餐厅的拥有非洲各地的菜式，包括莫桑比克海鲜、摩洛哥泰琼锅羊肉和各种南非野味。晚上还有现场音乐会，动物园湖公园附近也有一家分店。

地址：Melrose Square,Melrose Arch

电话：011-6460058

7.Imperial Palace

在约翰内斯堡有很多中国餐厅，但是这间餐厅比其他地方做得更地道，菜品也相对更加丰富一些，特别推荐这里的午餐套餐，分量很大，一个人吃饱足够。

地址：Shop10,Sandton Square, Sandton

128

购物

　　约翰内斯堡是南非的购物天堂，这里的商品很吸引人的眼球，这里既有人声鼎沸的市集，也有繁华的购物中心；既有国际奢侈品，也有质朴的手工艺品，从生活用品到珠宝工艺，都颇具南非风情。这里的商店营业时间一般是9:00～18:00，周六周日也正常营业，但是营业时间较平时短，关门时间早。

市集

1.跳蚤市场

　　跳蚤市场（Flea Marlcet）是约翰内斯堡最有名的市集，这里有很有具有独特创意的手工艺品，和保存完好的二手货。商人们拿着计算器和做手势和游客讨价还价，这种热闹的气氛中，一定可以淘到不少便宜货。通常跳蚤市场会在周六举行，在市场综合剧院附近的大型停车场内，只要认真挑选，还是可以挑选到不少让人眼前一亮的商品。

　　地址：布利街（Bree Street）

　　营业时间：9:00～16:00

2.有机村市集

　　有机村市集（Organic Village Market）是个特别的市集，这里有将近100个摊位展示着不同的商品，如手缝布艺、珠宝、非洲珍珠饰品、矿石水晶、皮革及木头制品，甚至是蔬菜，这里提供的每一件商品都是用纯天然的材料制成的，每一件商品都含有摊主的心意，非常有特色。

　　地址：布莱恩斯滕（Bryanston)考罗斯路（Culross Road）

　　营业时间：周四及周日9:00～13:00

3.布鲁马湖市集

　　布鲁马湖市集（Bruma Lake Market）是约翰内斯堡周末最热闹的地方，这里吸引着成群的购物人潮。布鲁马湖是座古老的采矿湖，位于约翰内斯堡最东方的肯欣滕，距离约翰内斯堡开车只需15分钟。

　　地址：Kensington,离Eastd Gate Shopping Centre 不远

　　开放时间：周六及周日9:00～16:00

购物中心

1.东门购物中心

东门购物中心（Eastgate Shopping Centre）坐落在Bedfordview区的中心，是南非购物中心中最受欢迎的地方之一。这里有集购物、娱乐、餐饮和休闲为一体的购物广场，丰富多彩的休闲项目让购物者印象深刻。来到这里，大多数顾客主要关注奢侈品，这里的商品能激起每个人的购物欲望，哪怕只是驻足欣赏，也是一种享受。

地址：43Bradford Road, Eastgate, Bedfordview

电话：011-4796000

营业时间：周一至周四9：00～18：00，周五9：00～21：00，周六日9：00～17：00，公共节假日9：00～17：00

2.露丝班克购物中心

露丝班克购物中心是一个非常不错的购物场所。这里非常大，大到足以容纳多达200家商店，从婴儿用品店和五金行到邮局和银行，还有许多风格高雅的艺术作品、纪念品出售，包罗万象，应有尽有。

地址：Rosebank, Johannesburg, Gauteng

3.哈尔登中心

在约翰内斯堡购物首选哈尔登中心，这里不仅货品丰富，观光客在这里采购物品通常可以享受九折优惠。如购买钻石，可凭护照免付货物税。

4.Sandton City

这是桑顿城内首屈一指的大型购物中心，1974年开业，经过两次翻修，现在是一个混合使用的场所。有超过300家商店以及电影院、餐厅等娱乐设施。

地址：1st Floor Medical Mews, Sandton City

电话：011-8832011

营业时间：周一至周五9：00～18：00，周六9：00～17：00，周日10：00～16：00

网址：www.sandtoncity.co.za

5.The Mall of Rosebank

这里拥有大型露天购物中心，各式各样有特色的咖啡馆环绕着这里，衬托着浪漫的气息。这里有非洲工艺品市场和屋顶市场，市场中有600多个出售工艺品、珠宝、二手书籍、熟食的摊位，每到周日都会迎来大批顾客在这里淘宝贝。在这里可以找到一切想找到的商品。

地址：Rosebank的Cradock Av街和Baker Av街的交叉口

电话：011-7885530

营业时间：周一至周五9：00～18：00，周六9：00～17：00，周日10：00～16：00

网址：www.themallofrosebank.co.za

6.Hyde Park Corner

这座豪华的购物商场，以出售高级时尚女装为主。这里的书店Exclusive Books也是一大卖点，商家多得让人容易搞不清楚方向，不小心就迷路在百货丛林中。其中也有许多值得一逛的书店，还有非洲艺术博物馆。

地址：Jan Smuts Av, Hyde Park

电话：011-3254340

营业时间：周一至周六9：00～18：00，周日10：00～14：00

网址：www.hydeparkshopping.co.za

娱乐

约翰内斯堡这座文化大都市，夜生活多彩多姿，夜总会、酒吧、迪斯科舞厅、歌剧院、音乐厅及现场表演剧坊等应有尽有。如果想感受一下高雅艺术，也可以去看歌舞表演，如位于诺尔伍德艾斯特饭店的齐古餐厅剧院和位于圣当恩巴拉来卡饭的乡村庄园都有歌舞表演，相信热情似火的南非人民一定会带给你不一般的艺术享受。

约翰内斯堡的剧场	
中文名称	**英文名称**
市场剧场	市场剧场共有5座舞台组成，经常上演着南非最新最活跃的戏剧。这里上演过世界知名音乐剧《Sarafina》（奔向骄阳），这部剧的首演正是在约翰内斯堡的剧院群
Windybrow剧院	这是一座实验舞台，人们在这里会惊奇地发现约翰内斯堡创新的艺术场景，无论是黑人、白人，还是年轻人中的后起之秀往往在这里都能获得证明自己才能的机会
齐古餐厅剧院	拥有一个很大的电影屏幕，看电影的视觉角度和效果都很好

约翰内斯堡推荐的娱乐休闲地			
娱乐休闲地	**地址**	**电话**	**特色**
The Blues Room	Village Walk Mall，Maude St.	011—7845527	这间酒吧主要演奏爵士乐和布鲁斯音乐，当然也有摇滚乐。Khaya广播电台经常在周六时为这间酒吧的演奏进行现场直播
The Songwriters club	Old Mills Building	011—4669510	俱乐部有演出、舞蹈、现场音乐，可以使人迅速融入这个热情的国度中
Matt's Music	Hendrik Potgieter Rd.，Roodepoort	011—6756249	在这里欣赏着喷泉艺术，喝着街边的啤酒，看着热情的南非人随着音乐舞蹈，非常浪漫

约翰内斯堡的酒吧		
酒吧场所	**地址**	**电话**
Sophiatown Bar Lounge	Jeppe St.，Newtown，Johannesburg	011—8365999
The Mix Mobile Bars	Kernick Rd.，Melrose North，Johannesburg	074—1978745
Mg-zeta Mobile Bars	Turffontein，Johannesburg	011—0517174
Bar	18 Crownwood Rd.，Ormonde	084—5307793

第三站，开普敦

开普敦有雄伟壮阔的自然景象，再加上它悠久的历史，使之成为南非夺目的城市，而著名的好望角也正是坐落在这里。带着轻松的心情开始游览开普敦吧！

开普敦印象

好望角

好望角是开普敦的地标，因为其坐拥得天独厚的地理位置，再加上雄伟壮阔的自然景象，以及悠久的历史，使之成为南非夺目的一角。

游乐乐园

去开普敦旅游是摆脱现代生活压力、放松自己的最好办法。在开普敦旅游，每位游客都能找到一款适合自己的度假计划。开普敦能提供各种各样的观光旅游，从连绵的群山、亮丽的海滩到茂密的丛林等，每条游线都经过精心设计，能让每位游客拥有轻松的心情和难忘的经历。

上帝的餐桌

到了开普敦，就一定要到桌山看一看，它被誉为"上帝的餐桌"，在开普敦不论走到哪都能看见它的影子。桌山对面的海湾有着天然良港，并因桌山而名为桌湾。桌山拥有世界上速度最快的360°旋转式缆车，从山角到山顶只需要很短的时间就可以到达。

花园大道

开普敦拥有一级海滨公路，被称为花园大道，也是南非最著名的风景之一。花园大道与湖泊、山脉、黄金海滩、悬崖峭壁以及茂密原始森林丛生的海岸线平行，沿途可见清澈的河流自欧坦尼科与齐齐卡马山脉流入蔚蓝的大海。越过山脉，就是平原地带，从途中的关口要道眺望连绵群山，景色十分壮美。

葡萄酒之乡

南非是葡萄酒六大产区之一，而南非的葡萄酒产区主要位于开普敦市。这里葡萄酒的特色是既富有葡萄酒的优雅和高贵，又带有新葡萄酒的野性与果香，是新旧的糅和体，深受各国葡萄酒爱好者的欢迎。如今，越来越多的人到开普敦旅游并非仅仅购买钻石，葡萄酒也已经成为游客的心头所爱了。

桌山

遥望大西洋美景

桌山（Table Mountain）意为"海角之城"，是开普敦的地标。桌山的东面，看到的是一部分的大西洋、狮子山、信号山；西面也可以看到一部分的大西洋，还有桌湾以及连接着桌山的山脉、环绕的盘山公路，北面是一望无际的山峦，衬托着蔚蓝的天空。无论在桌山的哪一面，看到的都是美轮美奂的风景。桌山就像是坐在大西洋边上的一位老人，成为南非近400年现代史最有权威的见证者。

INFO 旅游资讯

✉ Cape Point, Cape Town 7764
☎ 021-7122337
¥ 往返成人120兰特，学生60兰特；单程成人60兰特，儿童30兰特
⊙ 10月至次年3月6:00 ~ 18:00，4 ~ 9月7:00 ~ 17:00
W www.sanparks.org

South Africa **不懂外语也能HIGH**

1. 乘坐缆车上山需要10分钟左右，出了缆车楼，站在山顶远远望去，山顶的路是如此的平坦。天气晴朗的时候，还可以看到天边一抹蓝天。

2. 山顶有步道和指示牌，还有保护动物的提示牌。顺着岩石路面可缓缓走到山崖边，山崖边修建了粗大的栏杆和扶手，为了防止游客的偶然失足。脚下是山谷，各种各样的树组成起伏的波浪，满目苍翠。另外一边，山峰的岩壁同样如同刀削斧砍一般，布满黑褐色的玄午岩，满目疮痍。

3. 游览桌山有两种方式，坐360旋转缆车和徒步登山。由于登山路众多，游客很容易迷失方向，最佳的方法就是购买一本登山指南，而其中最有名的是麦克利尔纪念碑步道和西西利亚步道。

4. 桌山位于开普敦的市中心，或者可以说，开普敦市中心是围绕桌山而建的。阴天时，桌山云雾缭绕；晴天时，巍峨肃穆；雨天时，冷峻阴凉。乘坐360度旋转缆车登上山顶后，夕阳西下满山红遍的景色更是让开普敦增加了浪漫的柔情。

信号山

欣赏开普敦夜景的理想地点

INFO 旅游资讯

✉ Signal Hill Drive, Table Mountain National Park 8000

🚌 可在开普敦市区乘坐城市观光车到达信号山

信号山（Signal Hill）位于桌山附近，因正午时鸣炮而得名。信号山海拔只有346米，是观赏开普敦夜景的最佳地点。信号山还吸引不少游客前往这里观看日落，看着太阳从观景台缓缓沉入大西洋景色非常壮观，而对于摄影爱好者来说这里无疑是拍摄桌山的最佳角度。

South Africa 不懂外语也能 HIGH

1 在信号山上有多个角度可以欣赏到美妙的景色。入夜，光彩夺目、晶莹剔透、一望无际的连绵几十千米的火树银花令人叹为观止、流连忘返。除星期天外，每天中午开普敦都要举行一种最传统的仪式。信号山上加农炮齐射，这种定时射击非常准时，南非人甚至用它来对钟表。

2 晚上登上信号山，可观赏开普敦美丽的夜景，整个城市灯火通明，万家灯火尽收眼底。站在这里，看着映衬着美丽夜景的海滨，非常生动，不由自主地拿出相机记录下这美好的画面。

好望角

世界著名地标

INFO 旅游资讯

✉ Cape Peninsula

☎ 021-7809204

¥ 105兰特

🕐 周二至周日 9:00 ~ 17:00

好望角（Cape of Good Hope）位于大西洋和印度洋的交汇处，是开普敦的地标，开普敦因好望角而建城，甚至命名。16世纪，东西方交通被阿拉伯人阻断，为了获取东方的香料、丝绸和瓷器等奢侈品，欧洲各国纷纷派出船队寻找新航线。绕过非洲南端的航线是其中最重要的一条，直到苏伊士运河开通之前，都是欧洲通往亚洲的海上必经之路，为各国带来滚滚财源。现如今好望角自然保护区内生长着1500种植物，还有鸵鸟、羚羊、狒狒等野生动物。

South Africa 不懂外语也能 HIGH

1 由于海水与风浪的侵蚀，好望角的岩石风化极大，因此，形成了光怪陆离的景观，质感强烈，是拍照片的好地方。天上的白云与蔚蓝色大海中的银色浪花上下呼应，加上浅褐色的岩石为衬托，形成了一幅天然油画。

2 好望角强劲的西风急流掀起的惊涛骇浪常年不断，不时加上极地风引起的旋转浪，还有很强的沿岸流，当浪与流相遇时，整个海面如同开锅似的翻滚，航行到这里的船舶遇到此景象很难平安离开，因此，这里成为世界上最危险的航海地段。

好望堡

南非最古老的建筑之一

INFO 旅游资讯

✉ entrance on Buitenkant St. City Bowl, 8000
☎ 021-4817223
¥ 28兰特，学生10兰特
⏰ 周一至周日 9:30 ~ 16:00，耶稣受难日、圣诞节和元旦闭馆
🌐 www.castleofgoodhope.co.za

好望堡（Castle of Good Hope）由东印度公司建于17世纪六七十年代，现今是南非最古老、保存最完好的建筑。如今，它是南非国防部队在西开普的地区司令部，也是一座军事博物馆。馆内藏品主要是军服和勋章展览，通过各种故事解说来展现逝去的历史。

South Africa 不懂外语也能 HIGH

1 这座好望堡为欧洲人在南非的第一所军事基地，亦为南非最古老的欧式建筑之一。距离市区很近，里面还有大炮表演，外观拍照更漂亮。这里还是了解南非当地风情和历史文化的好去处，千万不可错过。

2 好望堡内的艺术馆展览最能反映开普的社会和政治历史，展品包括约翰·托马斯·贝恩斯和威廉·哈金斯的绘画作品。第二个管理者的房间，一件城堡的原始家具都没有，却重现了17世纪到19世纪早期荷兰东印度公司官员的生活状况。

罗宾岛

曾经的监狱

INFO 旅游资讯

✉ 在开普敦海滨公园 5 号码头乘坐渡轮前往
☎ 021-4134220
¥ 成人150兰特，儿童75兰特
🌐 www.robbenisland.org.za

罗宾岛（Robben Island）距离开普敦9千米，曾经是一座监狱。从17世纪开始，罗宾岛成为殖民者关押南非原居民反抗运动首领及隔离麻风病人和精神病人的地方。1960年以后，罗宾岛成为南非当局专门关押政治犯的监狱。1964年6月，曼德拉被当时南非白人政府判处终身监禁，开始在罗宾岛服刑，直至1982年才被转移到波尔斯摩尔监狱。1996年，这里释放所有的犯人，结束了监狱岛的使命。如今的罗宾岛已成为一座风景优美的岛屿，并成为对公众自由开放的博物馆，于1999年12月被联合国教科文组织列入《世界遗产名录》。

South Africa 不懂外语也能 HIGH

1 罗宾岛上种植了大量灌木丛，又引进了许多异国树种，到了春天，罗宾岛上的各种盛开的花成为一景，鸟儿们在这些树上搭巢建穴，处处显得生机勃勃。

2 美丽的罗宾岛拥有一段黑色的历史，现如今已经成为一座对外开放的博物馆，在这里可以了解它的过去，不过来到这里的游客大都是为了它那美丽的风景而来，在这里可以眼跳桌山全景。

南非好望角

圣乔治街

古建筑林立的欧式景观道

INFO 旅游资讯

✉ St Georges Mall St., Cape Town, Western Cape

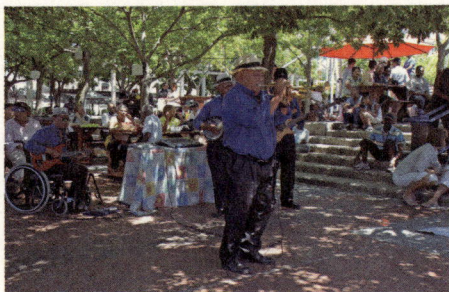

圣乔治街（St.George's Mall）是开普敦政府为保存古迹而建的步行街。沿街走在街道上，街道两边古老的欧式建筑、街头艺人的表演和街头画家作画的情景都让人感觉仿佛身处在欧洲。街道两旁的橡树原是欧洲移民栽种，并用来制木桶的材料，后来形成了现在的橡树林，绿树成荫，景色很优美。街边的精品店中有很多让人爱不释手的饰品，吸引很多游客前来。

South Africa **不懂外语也能HIGH**

1 圣乔治街的街道两旁有各类商店，路中间有小贩摆摊售卖工艺品、风景画之类的商品，整条本地氛围浓厚。

2 这条步行街绿树成荫，街道两旁欧式建筑让人仿佛身处欧洲，站在远处回望自己走过的路，映在眼底的景色就像是一幅美丽的油画，自己就身处画卷之中。

街心花园

欧式建筑/面积大的绿地

INFO 旅游资讯

✉ Queen Victoria St., Cape Town 8000
☎ 021-4002521
¥ 免费
◷ 夏季（12月-2月）7:00~20:30，冬季7:00~19:00

街心花园（Company Gardens）位于开普敦市中心，该花园原是东印度公司塞西尔·罗德斯的私家园林，现为开普敦市内最大的一块绿地和免费公园。来到街心花园必然要走开普敦"政府大道"，大道两旁的建筑物大多建造于十七八世纪，体现中世纪的欧洲建筑风格。前往开普敦游览不要错过这里，因为周边有许多开普敦的标志性建筑。

South Africa **不懂外语也能HIGH**

1 在这个公园内可以看到各种珍贵的树木和植物，还有建于18世纪的餐厅及咖啡厅等，实在是一个休憩的好地方。花园周围还有博物馆、艺术长廊等，非常值得去走一走，不过，天黑后，不宜长时间逗留。

2 街心花园一天到晚都很热闹，早上有很多人来这里漫步，呼吸新鲜空气，中午来这里沐浴阳光，坐在花园的街椅上，静静地观赏这一切，享受着静谧时光。

奴隶宿舍

曾经做过最高法院的博物馆

奴隶宿舍（Slave Lodge）建于1679年，是开普敦第二古老的建筑。曾是荷属东印度公司的奴隶宿舍，后来成为南非的最高法院，现在是文化历史博物馆，展厅共有两层，通过放映厅播放的影片讲述开普的奴隶制历史，包括奴隶的生活习惯、买卖条件以及奴隶制在开普敦的成功中起到的基本作用。

INFO 旅游资讯

✉ Wale Street,Cape Town
📞 021-4608242
¥ 成人20兰特，未成年人免费
🕐 周一至周五8：30～16：30，周六9：30～13：00，周日、耶稣受难日和圣诞节休息

South Africa 不懂外语也能 HIGH

1 奴隶宿舍所展现的场景太震撼了，让人看到南非奴隶社会不为人知的一面，看到如今美丽的彩虹之国，很难想象当年那个时代留下的悲伤。

2 一层展示了古埃及、古希腊、古罗马时期的文物，还有中国、日本等亚洲国家的陶器、家具、玻璃制品，以及17~19世纪开普敦市民的生活用品。二层展示的是陶器、银制品以及武器、乐器、服饰等藏品。

维多利亚港

梦幻之港

维多利亚港（Victoria Port）建于1860年，是开普敦一个著名的天然港湾，有"梦幻之港"的美誉。这里因为英国殖民统治时期建立的港口，所以以维多利亚女王的名字命名，是开普敦文化和历史的象征。这里既是开普敦的门面也是它的缩影，还集娱乐、购物为一体，是开普敦最繁华的地方，开普敦国际爵士音乐节每年都在这里举行。

INFO 旅游资讯

✉ V&A Waterfront，Cape Town
📞 021-4011300
🕐 周一至周六9：00～21：00，周日10：00～21：00
🌐 www.waterfront.co.za

South Africa 不懂外语也能 HIGH

1 维多利亚港是开普敦市中心最繁华的区域之一。岸边的桌湾酒店，从色彩艳丽的博开普一角到雄伟的维多利亚和阿尔弗莱德瀑布，总之很漂亮，也休闲购物的好地方，还可以免费听到乐队路边的演唱。

2 每到夜晚这里就人山人海，前来开普敦的游人都会到这里逛逛。这里的夜景很漂亮，码头周围还有各式的小店，能淘到不少有南非特色的工艺品和珠宝。

3 自驾前往这里的话，有很多层停车场可以方便地停车，收费最贵的是维多利亚码头的地下停车场，其他停车场比这里便宜一半。

南非博物馆

包罗万象的博物馆

INFO 旅游资讯

✉ 25 Queen Victoria St.
📞 021-4813800
💴 成人25兰特（周三免费），未成年人免费
🕙 10:00～17:00
🌐 www.iziko.org.za

　　南非博物馆（South Africa Museum）位于开普敦市中心，始建于1825年，是开普敦历史最悠久的博物馆。这座博物馆内包括考古学、民俗学、海洋生物学和天文学方面的知识展览，其中的天文馆还非常清楚地讲解了南部星空。这里还展出了原始人在很久以前留下的古老足迹，是在开普敦北部的一处环礁湖发现的迄今为止最古老的人类足迹。

South Africa 不懂外语也能HIGH

1 南非博物馆的天文馆内展示出当前的夜空景象，游客在入馆前会收到一张星座图，用来寻找每个月能见到的星座和行星。在天文馆内儿童还可以观看动感影片，仿佛自身进入了外太空。

2 南非博物馆中的小展览展出大津巴布韦发现的一些坎贝和印度的珍珠、中国的陶瓷碎片以及13世纪波斯陶器和14世纪叙利亚的玻璃碎片，以展现他们在贸易中心的重要性。另外，展厅中还有卡鲁发现的化石骨架，这些化石的历史甚至可以追溯到史前恐龙时期。

绿点球场

南非最有名的球场之一

INFO 旅游资讯

✉ Green Point, Cape Town
📞 021-4014701
🚌 乘坐公交车T01路在体育场站（Stadium）下车，向西北步行约200米可到
💴 免费参观场馆，看球赛详见官网
🕙 每赛季比赛时间不同，详见官网
🌐 www.capetown.gov.za/en/FIFA2010/Pages/CapeTownStadium.aspx

　　绿点球场（Green Point Stadium）是在开普敦原体育场旁边新建的一座球场，定位是多功能综合性球场。原体育场只能容纳1.8万人，新体育场可以容纳5.5万人。原体育场现在被改建为新球场和世界杯相关事宜的宣传基地，设有开普敦足球史展览室、接待中心、影视大厅等供游客参观了解。新体育场则主要举办各种体育赛事，包括足球、橄榄球、音乐会等各种大型活动。

South Africa 不懂外语也能HIGH

　　这里是2010年世界杯足球赛的比赛球场之一，那时候球场大约有7万人观看比赛，盛况空前。重游故地，仍能想起2010年世界杯壮观的场面。球场的设计非常豪华，与大自然息息相通，建筑非常漂亮，周围的视野宽敞。

大康斯坦夏葡萄酒庄园

古老的葡萄酒庄园

　　大康斯坦夏葡萄酒庄园（Groot Constantia Wine Estate）位于开普敦市南半岛前往康斯坦夏谷地的中央地带，堪称南非最古老的葡萄酒庄园，距今已有300多年历史。这里背靠桌山南麓，面向福尔斯湾，日照充足，余量丰沛，有着得天独厚的地理位置和气候条件。

园内还有以葡萄酒而闻名的克雷特酒窖，这座宏伟的葡萄酒窖里有关于白兰地和酿酒的展览，还有两个容积为4000公升的橡木巨桶，在葡萄酒酿造和压榨的季节吸引着大批游客来此品尝。

INFO 旅游资讯

✉ Private Bag X1 Constantia, Groot Constantia Rd, Cape Town 7848

📞 021-7945128

🕐 周一至周五9:00~18:00，双休日10:00~18:00

🌐 www.grootconstantia.co.za

South Africa 不懂外语也能HIGH

1. 大康斯坦夏葡萄酒庄园是百年之前的建筑，虽然经过翻修，但看起来依旧古朴盎然。庄园内有大片的绿草地，大片的葡萄园，还有小型博古馆，古老的器具，各种种类的葡萄酒，很惬意。

2. 这座葡萄酒庄园产出的葡萄酒很有韵味，游客来到这里不仅能品尝到美味的葡萄酒，还可以观看葡萄酒的制作过程，非常有趣。

开普敦企鹅聚集地

观赏企鹅的最佳去处

INFO 旅游资讯

✉ Private Bag X1 Constantia, Groot Constantia Rd., Cape Town 7848

📞 021-7945128

🕐 周一至周五9:00~18:00，周六、日10:00~18:00

🌐 www.grootconstantia.co.za

　　开普敦企鹅聚集地(Boulders Penguin Colony)是开普敦观赏企鹅的最佳去处，据统计，此处的企鹅数量高达3000只。每年的2~8月是当地企鹅繁育后代的季节，而每年的11月至12月则到了企鹅换羽毛的时期，赶上不同的时期都会看到企鹅不同的形象。同时，此处的岩石滩也是其他鸟类、鲸鱼、海豹、鲨鱼、海豚的栖息地。

143

不懂外语也能HIGH

1 这里的企鹅很可爱，来到这里，心都被萌化了。无论是在大海里游的，沙滩上玩的，还是站在礁石上发呆的，一只只都憨态可掬，组成了世界上最强大的QQ群。为了加强对企鹅的保护，游客只能走栈道，不能踏入企鹅的生活区域，只能眼观不可手触。

2 来这里幸运的话，还有机会看到企鹅下蛋的整个过程。这里的养殖是纯自然的，比如看到的企鹅蛋，如果有粗心的企鹅妈妈忘记孵化这颗蛋，工作人员是绝对不会进行人工孵化的。

tips 小贴士

不要给企鹅随便喂食，要爱护小企鹅和它们生存的自然环境，虽然企鹅们看起来都很可爱，但是不要随便动手抚摸，而且这里只能看企鹅。

康斯坦博夏国家植物园

只栽种南非厚产植物的公园

康斯坦博夏植物园（Kirstenbosch National Botanical Garden）是世界最早的植物园，园内只栽种南非原产植物，尤其是南非的国花帝王花。在这里一年四季都可看到美丽的花草树木。园区里的设计是依各种植物的生长环境及作用来规划，同时，康斯坦博夏植物园也是观赏开普地区最著名的灌木植物的好地方。2004年南非国家植物园被联合国教科文组织列为世界自然遗产，也是第一个被列入《世界物质文化遗产名录》的植物园。此外，植物园设有很大的商店，售有南非特有花卉的种子以及园艺书籍，卡片和传统手工艺品，很值得一看。

INFO 旅游资讯

✉ Rhodes Drive, Newlands, Cape Town
☎ 21–7998783
🚗 自驾车绕过桌山向西既可到达
¥ 20兰特，学生10兰特
🕐 周一至周四8:30~17:30，周五8:30~17:00，周六10:00~16:00
🌐 www.sanbi.org

不懂外语也能HIGH

1 走进园内，植物繁多，园艺工人将天然景观与人工种植巧妙地结合起来，令游人有一种虽身处人工园却浑然不知的感觉。园内植物品种丰富，基本都是南非特有品种。

2 春天一到，这里就成了花的海洋，美不胜收，特别是花海绵延无尽的奇景，令人流连忘返，而很多花都是南非特有的，在其他地方都看不到。

周边景点

豪特湾

风景如画的渔村

INFO 旅游资讯

✉ 42 Market St., Rhenish Parsonage

📞 021-7913146

🕐 8:00 ~ 17:00

豪特湾（Hout bay Harbour）是一座历史悠久的渔港，这座美景如画的渔港村庄也是史努克梭子鱼工业的中心与龙虾渔船队的总部。码头上现存有南非最早的鱼市场——现为一家颇具特色的海鲜零售商场"水手码头"，至今仍然完好地保持着古老的外貌。鱼市场附近遍布餐馆和礼品店，在此，游客可享受到丰盛的龙虾餐。

South Africa 不懂外语也能HIGH

1 豪特湾是游览海豹岛的必经之地，码头聚集着很多当地的小贩贩卖各类小商品。有一个摊点的东西很吸引人，鲨鱼的牙齿，当地人用来做饰品，价格倒不便宜，可以看看新奇。

2 在豪特湾可以看到现存南非最早的鱼市场，现为一家颇具特色的海鲜零售商场"水手码头"，但是也完好地保持着古老的面貌。鱼市附近遍布餐馆和礼品店，在此，可以享受到丰盛的海鲜大餐。

海豹岛

海豹海鸥的领地

INFO 旅游资讯

✉ Duiker Island 7806, Cape Town

🚢 在豪特湾港口的水手码头乘船前往，整个行程约 45 分钟；抵达游船码头可乘坐公交 108 路至 Northshore 站下车即可

💰 成人62兰特，儿童30兰特

海豹岛（Duiker Island）又叫德克岛，是一座位于豪特湾上的小岛，因岛上为数众多的海豹与海鸥而闻名。游客在水手码头搭乘舱底是透明玻璃的船只前往岛上，沿路还可以透过船底看到难得一见的海豹水底生活，在岛上还可以观看上千只的海豹、海鸥与其他海鸟的生态活动，是一次难得的经历。如果运气好的话，还可能看到罕见的白鲨鱼，甚至是它们捕食海豹的情景。

1 乘坐透明玻璃船前入海豹岛，可看见船底下翻滚着白色的浪花，越接近海豹岛海浪就越高，海豹岛其实就是大海中几块露出海面的礁石，上面挤满了大大小小嗷嗷欢叫的海豹，一些海鸥也插足其间凑热闹。

2 距离海豹岛最近的地方可以看到很多海豹在礁石上沐浴阳光的温暖，相互依偎撕咬着，无数的海豹在海水中游弋、跳跃、相互嬉闹，好像为欢迎游人的到而来进行的各种憨态可掬的精彩表演。

3 岛上和海里的海豹足足有上千只，有的聚在一起，有的在水中游泳捕食。笨拙的身体，光滑的身子，有趣而可爱。此时不少游客拿出长枪短炮似的各类相机纷纷拍照，海豹们对游客似乎司空见惯了，不躲闪也不害怕，甚至还有不少可爱的海豹会好奇地望着船上的游客。

tips 小贴士

1.出海的船会比较颠簸，晕船的人可以事先吃好晕船药。此外，建议带上一件防风雨的外套。2.风浪大的时候在船的甲板上拍照需握紧手中相机，抓紧船上的围栏，以免滑倒或者弄坏相机。3.夏天前往海水的腥臭味会比较重，建议带一条纱巾或者口罩。4.计划前往海豹岛之前要关注天气情况，天气恶劣时游船不开放。

甘果洞

拥有数量众多的天然钟乳石

甘果洞（Cango Caves）是一个规模庞大的天然钟乳石洞口，里面有广袤的洞穴，洞穴四周有许多钟乳石柱和石笋，这里的石笋据考究已有15万年以上历史，极具学术价值。甘果洞不仅有天然的钟乳石，岩壁上还有布希曼人遗留下来的壁画，是一个布希曼人生态区，反映了布希曼人的生活起居。游客们前来这里，可以更加深入地了解南非的历史和民俗。

INFO 旅游资讯

✉ Scenic Cape Route 62, Oudtshoorn 6620,Western Cape

✆ 044-2727410

¥ 成人80兰特，儿童45兰特；冒险之旅成人100兰特，儿童60兰特

⊙ 文化之旅 9:00~16:00，冒险之旅 9:30~5:30，圣诞节不对外开放

W www.cangocaves.co.za

1 甘果洞是一个巨大的钟乳石洞穴，游客可以很清楚地观赏到钟乳石洞奇景。里面的钟乳石和石笋在五颜六色的灯光下，如同仙境一般。

2 甘果洞内有布希曼人居住的痕迹，也有昆虫的化石，非常具有学术研究价值。洞口的岩壁上有布希曼人遗留下来的壁画，显示当时布希曼人在此居住、生活的样子。因此这里被辟为布希曼人生态区，栩栩如生的蜡像把中古世纪布希曼人的生活形态完全表露无遗。

赫曼努斯

南非观鲸最佳地点之一

INFO 旅游资讯

📞 028-3122629

🚗 租车、乘坐 Baz Bus 或在各地的旅游中心租赁市内运行的穿梭巴士可到。从开普敦出发，乘 Baz Bus 需要 2 小时 45 分钟即可到达

🕐 周一至周六 9:00~17:00，周日 11:00~16:00

🌐 www.hermanus.co.za

　　赫曼努斯（Hermanus）位于南非的最南端，处于大西洋和印度洋的交汇处，被誉为南部海岸疗养地，也是观鲸的最佳地方。每年的6~12月，游客可以在赫曼努斯海岸看到成群的露嵴鲸（Southern Right Whale）跳出水面，以及吸气喷水的景象，因为非洲南部是南半球9种鲸鱼每年迁徙的必经之地，所以露嵴鲸都会万里洄游。除了观鲸，这里还有12千米长的沙滩，可供游人骑马散步。

South Africa 不懂外语也能HIGH

1 这里是世界上最适合观赏露嵴鲸的地方之一，在这里可以看见世界上最大的哺乳动物——鲸的姿态。露嵴鲸会跳出水面，因此可以看到它们长满肉的头部和背部，偶尔还会看到它们吸气喷水的景象。

2 来到赫曼努斯除了观看鲸鱼，市中心的广场四周有不少商店、餐厅及酒吧等，从城市西边的新港到东边的海岸铺亦设有沿海散步路，游人可在这里散步。

tips 小贴士

　　赫曼努斯观景点禁止游客在300米以内接近鲸鱼，所以不会有船只提供，但它们有时候也会游到离岸边很近的地方，让游人即使在岸上也可以欣赏到它们的表演，所以不要违反规定，否则会惊吓到鲸鱼，也避免自身不必要的伤害。

查普曼公路

紧邻世界最美悬崖之一

INFO 旅游资讯

✉ 1 Chapmans Peak Drive Cape Town 7806

📞 21-7621543

　　查普曼公路（Chapman's Peak Drive）位于开普敦的查普曼峰上，所在山峰被公认为是世界上最美的悬崖之一，这条公路修建在悬崖上，环山全长约7千米。查普曼公路一边是大海，一边是悬崖，风景异常秀美，驱车经过，世上最美的风景扑面而来。但自驾或乘车走过，犹如穿过半开放式的隧道，让人不禁产生"泰山压顶"的感觉，这里是到开普敦游玩不可不去的地方。

1 自驾前往这里是最好的方式，绝美的风景擦肩而过，但是依然能感受到一边是悬崖，一边是大西洋的美景，这条公路的历史如同它的路况一样曲折，作为驾车爱好者，无论是房车、摩托车还是自行车，都不可错过在这条公路上的风景。

2 查普曼公路沿途设有 10 多个休息处，都是专门设在风景优美的路段，能让游客们停车小憩、拍照。在休息处远眺，整个查普曼峰优美的风景如同童话里一般，让人不忍离去。

克利夫顿海滩

南非著名海滩

INFO 旅游资讯

可以乘坐从阿得利街出发的公交车前往

克利夫顿海滩（Clifton Beach）位于开普敦，是南半球大西洋沿岸的一枚宝石，也是南非最著名的海滩之一。它就像巨兽一般伸进海里，因而海滩延伸得极长。这是一片沙地水滩，由4个海滩组成，每年夏季，都有许多人来克利夫顿海滩度假。

South Africa 不懂**外语**也能**HIGH**

1 这是一个很美丽的沙滩，水质洁净，沙质细腻，踩在上面软软的，非常舒服。沙滩上有晒阳光浴的，有在沙滩上玩耍的，在炎热的夏季，这冰凉的海水让人提神，非常凉爽。

2 克利夫顿海滩后面就是坎普斯海滩，这片美丽的海滩一直都是全球时尚追逐者们的天堂，在咖啡馆点上一杯咖啡，享用那种优雅而惬意的意境。

tips 小贴士

在夏季，停车场往往没有停车位，如果驾车前往，停车就会比较麻烦，所以坐公交是比较方便的。

葡萄酒之都

提起葡萄酒人们就会想到法国的波尔多，但是在南非也有几个"波尔多"，比如斯泰伦博斯、大康斯坦提亚和帕尔都是南非最古老的出产葡萄酒的城镇，这里不仅历史悠久、风景迷人，还有机会品尝到几百种葡萄酒。

南非著名酒都

开普敦

开普敦为世界知名的葡萄酒之都，这里的葡萄酒无论从口感还是质量都在国际上享有盛名。开普敦葡萄酒产区夏季时间长，而且阳光普照，冬季气候暖和而湿润，是典型的地中海气候。这为葡萄的生长提供了优越的自然条件，再加上其肥沃的土壤，使开普敦成为葡萄的理想家园。开普敦出产的葡萄酒味甘醇厚、馥郁芳香，很受海内外诱人的欢迎。

斯泰伦博斯

斯泰伦博斯位于群山环绕的南非小城，却是南非首屈一指的葡萄酒之都，许多气势宏伟、风景宜人的顶级葡萄酒庄园就坐落于此。早在17世纪，就有人发现这里属于典型的地中海型气候，非常适合种植葡萄，就带来了葡萄种植及酿酒技术，促成了今天南非葡萄酒业的繁荣。

众所周知，斯泰伦博斯是以出产优质的红酒而闻名于世的。斯泰伦博斯优质的原料、传统的发酵工艺和葡萄酒庄园产销模式的巧妙融合使其生产出经典的、优雅的葡萄酒来，也使斯泰伦博斯成为令世界瞩目的红酒产区。

大康斯坦提亚

大康斯坦提亚位于开普敦市南半岛区康斯坦提亚谷地的中央地带，里面的葡萄酒庄园是南非最古老的葡萄酒庄园，距今已有300多年历史。庄园背靠桌山，四季都有充足阳光和雨水，有着得天独厚的地理位置和气候条件，特别适合种植葡萄。这里出产的红酒非常优质，受到全世界葡萄酒爱好者的青睐。来到葡萄庄园不仅可以欣赏到优美的田园风光和庄园风情，还可以品尝到口味纯正的葡萄酒。

帕尔

帕尔不仅是一个风景优美的小镇，还是开普敦西北部最有名气的葡萄酒之都。传统上，这是一个白葡萄酒产区，但由于她拥有地中海气候和土壤，现在生产的重点已转移到红葡萄酒身上了。很多品种的葡萄都在这里有种植。

南非著名酒庄

Warwick

Warwick酒庄所拥有的不仅仅是美丽的风景，产品的质量更是造就Warwick成功的传说。不论是清新活跃、充满绿色浆果风味的白沙威浓，还是果香成熟、带有奶油硬糖和木桶芬芳的雪当利，及如鲜榨浆果般多汁、单宁细腻的"Three Cape Ladies"都是该品种的上乘之作。经典的"三部曲"是波尔多调配，她的名字来源于这款酒采用了3种不同的源自波尔多的葡萄品种嘉本纳沙威浓，梅乐和Cabernet Franc，如同成熟沉稳的男子，穿着丝绒般质感的外套。

Scali

Scali酒庄只生产用白翠柠、雪当利和维欧尼混合酿造的干白葡萄酒以及贝露特、西拉两种红葡萄酒，产量都不大，西拉年产8500瓶左右，贝露特约为4000瓶，而白葡萄酒更少，只有1500瓶左右。Scali葡萄酒具有非常复杂而传统的口味，白葡萄酒显示出非常经典的复合感，西拉（Syrah）是非常浓厚的红酒，甚至带有波特酒的香气，这种传统经典的葡萄酒已经非常少见，只可惜产量极少，若不在南非本地，极难寻觅。

Spier

Spier酒庄不仅可以品酒，而且旅游接待所需的硬件设备一应俱全。这个始建于1692年的酒庄是将葡萄酒、环境与艺术完美结合的产物。这里有乡村别墅式的酒店、品酒室、高尔夫球场、骑马场、水疗中心，餐厅酒吧也一应俱全。这里甚至还有一个小型的露天剧场，每个月这里都会邀请本地甚至国际知名的艺术家，在这里举办专场表演。

交通　　　　　　　　　　　　进出开普敦

飞机

　　开普敦国际机场（Cape Town International Airport）距离市中心22千米，是南非重要的大型机场之一，也是南非航空公司的枢纽。机场设施齐全，所有公共区域都有无线网络连接，十分方便。新加坡航空、卡塔尔航空、汉莎航空、维珍航空等多家航空公司都在此开设了航班，国内飞往开普敦可从北京直飞约翰内斯堡再转机到开普敦，或从香港、迪拜、新加坡等地转机至开普敦。

开普敦国际机场信息		
地址		Airports Company South Africa，Private Bag X9002，Cape Town International Airport，7525，South Africa
电话		021-9371200
交通	机场巴士	机场巴士从机场开往铁路附近Hertzog街上的市政中心（Civic Centre）和开普敦市中心。每20分钟一班车，车站内有售票厅，票价50兰特，儿童25兰特，3岁以下免费
	出租车	Touch Down Taxis是经授权的机场出租车公司，售票点也在到达大厅。根据交通情况，到达市中心花费280~350兰特
	预约车	通过提前预订的酒店宾馆或青年旅舍帮忙预订车接送。或是通过Citie Hopper、Magic Bus、Backpacker Bus预订车接送
	班车	从国际和国内到达大厅的售票点出发，开往开普敦市中心的酒店和宾馆，票价每人120兰特，同一团内每多一人增加30兰特
	租车	航站楼外的广场上可以找到所有汽车类型及品牌的租赁点，也可在网上提前预订好车型，直接前往租赁点提车
网址		www.airports.co.za

火车

开普敦位于南非铁路系统的西南端，可乘火车前往金伯利、约翰内斯堡、比勒陀利亚等中部和北部城市，沿途风光壮美。开普敦的火车站在市中心，交通比较便利。开普敦有两种极其奢华的火车，"非洲之傲"豪华列车和"蓝色列车"，也为游客提供了更多舒适和个性的服务。此外，还有城际普通列车，分为不同级别，连接南非各大城市，出行非常方便。

开普敦火车信息			
名称	特色	时间	备注
非洲之傲	著名景点游	为期14天的视觉盛宴旅行列车	非洲之傲将非洲一些最无与伦比的旅游目的地连接在一起
蓝色列车	舒适、豪华	每周1~2次，在开普敦和比勒陀利亚之间开行。列车8:50从比勒陀利亚和开普敦对开次日12:20抵达。旅客必须在列车开出前1小时抵达车站	免费享受车上餐点、美酒、哈瓦那雪茄，以及周到的私人化服务。超豪华车厢房间中甚至配备标准尺寸的浴缸
城际普通列车	方便、价格优惠、至西蒙镇的线路位于海岸线，经常能看到鲸鱼	—	连接南非各大城市，分为三种车厢、头等车厢、经济车厢和普通车厢，经济车厢没有卧铺，坐错车厢要罚款

长途汽车

开普敦各大汽车公司均在市内设有发往南非各地和纳米比亚首都温得和克的班车。汽车站在火车站的旁边，车站也有少量的长途汽车开往东非地区。

金箭公共汽车服务（Golden Arrow Bus Services）经营都会区内的公共汽车服务，另外还有很多公司经营来往开普敦与其他城市的长途车服务。

市内交通

开普敦市内有轻铁、公交车、出租车、观光巴士、摩托车等交通工具，其中最为方便的是轻铁。开普敦的轻铁连接市区和郊区，乘坐轻铁可前往斯坦林布什、帕尔酒庄、西蒙镇等周边小镇。想游览桌山的美景，可租车前往，还能观看沿途风景。

开普敦的交通卡是名为"My Connect"的IC卡，在车站可以购买，这种卡价格23兰特，然后可以自己充值。城市内的线路每次5.3兰特，到桌山每次10.6兰特。如果要了解开普敦轻铁的时间情况，可以登录www.capemetrorail.co.za查询。

开普敦市内交通		
交通工具	**票价**	**概况**
轻铁	—	轻铁是前往斯坦林布什、帕尔酒庄、西蒙镇等周边小镇唯一可行的公共交通方式。但是仍要注意不要随身携带贵重物品，天黑后不要乘坐这种交通，如果一定要坐，就坐在有较多乘客的车厢
公交车	每次5.3兰特	开普敦的公用汽车分为两种，即走规定路线的大巴车和当地人称为Taxi的招手即停的中巴车。Myciti巴士是一种新型快速巴士，覆盖了开普敦的大部分区域，有十几条线路，A01是到机场的线路，Civic Centre是最主要的车站
出租车	起步价10兰特，每千米计费10兰特	开普敦打表的出租车通常比较安全可靠。车窗上一般会明确贴出价格。如果前往较远的地点，可以和司机商量价格。初到机场时建议让酒店或旅馆前来接机
观光巴士	单日单线票为100兰特；双线套票180兰特	开普敦的观光巴士有两条线路，红线和蓝线。而事实上这两条线路的巴士都是红色的，不同之处在于红线为上层露天的双层巴士。观光巴士发车站和售票处在Two Oceans Aquariu，持车票在部分景点可以打折
租车	—	开普敦周边公路状况普遍较好，N1是东北方向的公路，也是串联南非旅游各景点的主要行驶公路。N2沿狂野海岸经过东海岸花园大道、乔治镇、伊丽莎白港，到达德班和斯威士兰。N7沿西海岸向北，驶向北开普省和纳米比亚等地。在开普敦租车价格不高，油费略高于美国，比欧洲低了不少。比起南非其他地方，开普敦的司机开车比较遵守规则
摩托车	100兰特起/天	比起汽车，摩托车更轻便自由。在开普敦有不少租借摩托车的地点，车型不同，根据租摩托车时间长短以及旅游淡旺季情况，价格也相差较大

住宿

　　开普敦的住宿地类型很多，从背包客最爱的青年旅馆、B&B家庭旅馆到高档酒店都有，还有海滨小镇的自炊式小别墅。开普敦花园路线上有不少价格划算的旅馆，不仅价格优惠，距离景点都很近，而且有的旅馆离海滩很近，便于游客了解当地的风土人情。在开普敦野营扎帐篷、森林小木屋、树屋、海边别墅等都是不错的选择，体验不同的住宿会给旅途带来一份趣味性感。

153

开普敦高档酒店

中文名称	英文名称	地址	电话	网址
高地乡村别墅	Highlands Country House	36 Tennant Road Kenilworth，Kenilworth，Cape Town，7708	021-7978810	www.highlands.co.za
广场上涌酒店	Place On The Bay	Victoria Rd.，Camps Bay，Cape Town，8040	021-4378500	www.placeonthebay.co.za
开普敦人酒店	The Capetonian Hotel	73 O R Tambo Parade，Durban，4056	031-3372231	www.tsogosunhotels.com
幽谷公寓酒店	The Glen Apartments	Chilworth Rd.，Camps Bay，Cape Town，8040	021-4380029	www.theglenapartments.co.za
水瓶座豪华套房酒店	Aquarius Luxury Suites	10 Blaauwberg Road Service Rd.，Table View，Cape Town，7441	021-2008420	www.aquariussuites.co.za
威火别墅酒店	Vetho Villa	Van Kamp St.，Camps Bay，Cape Town，8005	021-4384746	www.vethoapartments.co.za

开普敦舒适酒店

中文名称	英文名称	地址	电话	网址
糖果酒店	Sugar Hotel	Main Rd.，Green Point，Cape Town，8051	021-4303780	www.sugarhotel.co.za
圣雅各福群庄园酒店	St James Manor	108 Main Rd.，St.James，Cape Town，7946	021-7884543	www.stjamesguesthouses.com
米仁达尔精品酒店	Meerendal Boutique Hotel	Vissershok Road，Cape Town	021-9751655	www.meerendal.co.za
普利米海洋城堡酒店	Primi Seacastle Hotel	15 Victoria Rd.；Camps Bay，Capa Town，8040	021-4384010	www.primi-seacastle.com
大西洋海滩酒店	Atlantic Beach Hotel	Cnr Commaille Road & 13th Avenue，7441	021-5531800	—
艾德利酒店	Adderley Hotel	31 Adderley St.，Cape Town City Centre，Cape Town，8000	021-4691900	www.adderley.ahagroup.co.za
阳光别墅酒店	Villa Sunshine	1 Rochester Rd.，Sea Point，Cape Town，8060	021-4398224	www.villasunshine.co.za
温彻斯特酒店	Winchester Mansions	221 Beach Rd.，Sea Point，Cape Town，8060	021-4342351	www.winchester.co.za

开普敦经济旅馆				
中文名称	英文名称	地址	电话	网址
角海滨宾馆	Cape Riviera Guesthouse	31 Belvedere Ave., Oranjezicht, Cape Town, 8001	021-4618535	www.caperiviera.co.za
马特马贝休闲宾馆	Matembe Leisure Guesthouse	22 Herschell St.,Lochnerhof, Cape Town, 7139	021-8549040	—
城堡山宾馆	Castle Hill Guesthouse	37 Gatesville Rd,Kalk Bay, Cape Town, 7990	021-7882554	www.innatcastlehill.co.za
日落庄园宾馆	Sundown Manor Guesthouse	2 Avenue Normandie, Cape Town, 8005	021-4347347	www.hootelbook.com
萨默顿庄园宾馆	Somerton Manor Guesthouse	13 Somerset St., Longdown Estate,Cape Town, 7130	021-8514682	www.somerton.co.za
大西洋点背包客酒店	Atlantic Point Backpackers	2 Cavalcade Rd.,Green Point,Cape Town, 8005	021-4331663	www.atlanticpoint.co.za

美食

　　开普敦是一个美食汇聚的城市，被誉为"海上客栈"，各种美食应有尽有。除了本地美食和西方美食外，还有中餐、日本料理、泰国料理和印度菜等各国特色风味。开普敦的餐饮消费比较贵，如果喜欢大众化的餐饮，可选择在火车站的二楼或小吃街就餐，那里有物美价廉的汉堡、香肠和咖喱饭等。作为港口城市，开普敦海鲜馆非常多，每年11月至次年4月，是开普敦最知名的龙虾盛产季节，感兴趣的游客可在这个时候来尝尝鲜。

开普敦美食推荐

开普式早餐

　　开普敦的早餐丰富多样，鸡蛋、熏肉、腊肠、蘑菇、烤马哈鱼和鲑鱼、炸玉米、烙饼、欧味馅饼和咖啡、烤面包和果酱、麦片粥和乳酪等等，样样都有，而且独具风味。

咖喱肉末

　　咖喱肉末（Bobotie）是南非最传统的一道菜，就像美国的肉馅糕和英国的土豆肉馅饼一样，是一道非常传统的美食。

杖鱼

　　杖鱼(snoek)是一种咸水鱼，体大鳞小，非常可口，可以买到烟熏的、新鲜的或者仗鱼做的鱼饼。

野外烧烤

　　开普敦人的野外烧烤往往要涂上厚厚的一层杏果酱，撒上一点柠檬汁和大蒜，佐以抹有黄油的土豆和家制面包。

对虾

　　对虾在开普敦是最受欢迎的，新鲜的大虾上涂抹着柠檬和蒜汁，使得大虾的鲜味被激发得恰到好处，所以前来开普敦千万不可错过这样鲜美的对虾。

155

三角铁锅炖菜

三脚铁锅炖菜(Potjiekos)一般放在一个三脚铁锅里，用慢火炖烧而成，如果没有也可以使用家用的平底锅，这是一种适应现代生活需要的时尚食品。

荷兰甜点

荷兰甜点有酸牛奶小烘饼（Milk tart）、Koeksisters（一种香脆的、蘸有果汁的油酥糕点）和vetkoek（一种油炸面糕），再配上农场黄油（Farm Butter）、果汁或蜂蜜。

酒饮品

冰镇啤酒或清爽的白葡萄酒，是当地人午餐时的主要饮品。

开普敦美食餐厅推荐

1.Myoga

Myoga是开普敦一家很受欢迎的餐厅，位于一家豪华酒店内，可供100人同时用餐。如果想要彻底品尽这里的招牌美食，建议点7道菜的Tasting Meal套餐，每道菜都有五六种以上选择。特别推荐意大利饭Risotto，甜点也非常不错。

地址：60 Colinton Rd. Newlands Vineyard Hotel & SPA

电话：021-6574545

2.The Africa Café

非洲咖啡馆是开普敦一家主打当地特色的非洲餐馆，餐厅的装潢也十分具有非洲特色。食物价格实惠，在同类餐馆中属中档。这里可供选择的美食有很多，既有物美价廉的套餐，也有12~15个菜品的无限自助，还提供下午茶和甜品。

地址：108 Shortmarket Street

电话：021-4220221

网址：www.africacafe.co.za

3.Five Flies

Five Flies餐厅坐落在开普敦一栋老式建筑内，不仅装饰十分有非洲风情，而且菜式多样，有很多当地的特色美食可供选择，也有西餐和商务套餐，因为来这里的食客较多，所以来之前可以在该餐厅网站上提前预订。

地址：14-16 Keerom St. City Bowl

电话：021-4244442

网址：www.fiveflies.co.za

4.Moyo Kirstenbosch

开普敦的Moyo餐厅是一家设在庄园里带传统非洲风格的高档餐厅，环境十分优美。这里可以享受到来自非洲多个国家的传统美食，同时还可以看到非洲的传统歌舞表演，并且融入其中一起欢歌热舞。这里主打的美食是烤野味还有南非的玉米类主食，选择很多。

地址：Kirstenbosch National Botanical Gardens, Rhodes Dr, Cape Town

电话：021-7629585

5.Two Oeans Restaurant

两大洋餐厅Two Oeans Restaurant坐落于悬崖边上，风景十分美丽，你甚至可以俯瞰到海湾的鲸鱼。在这里就餐主要是被这里优美的景色吸引，但是特色的菜品也为这样心旷神怡的美景增色不少。

地址：Redhill Rd., Cape Point, South Africa

电话：021-7809200

6.Blues Restaurant

开普敦的布鲁斯餐厅（Blues Restaurant）是家小有名气的餐厅，这里最有口碑的菜式便是海鲜和鸡尾酒。每天来往的食客络绎不绝，等位吃饭是常有的事，如果正巧赶上了饭点，就需要等一段时间了。所以在去之前一定要提前预约座位。

地址：The Promenade Victoria Road, Camps Bay, Cape Town

电话：021-4382040

网址：www.blues.co.za

7.Champers

千波丝（Champers）餐厅位于高地酒场（Highlands Estate），这里的装潢全是用圆花窗和水晶布置的，环境非常优雅，有格调，这里的就餐空间很大，会让你在就餐时很放松。这里点击率最高的便是龙虾和鹌鹑，做法独特，十分美味。

地址：Deer Park Drive, Cape Town

8.Aubergine Restaurant

这里精致的菜肴备受食客称赞，主要以供应古典的欧式菜肴为主，有鹅肝、鹌鹑还配有美酒。这家高档的餐厅坐落在一个绿荫庭院内，除了餐饮区还有酒吧区和休息室。这里的葡萄酒让人赞不绝口。

地址：39 Barnet St., Gardens, Cape Town

电话：021-4650000

网址：www.aubergine.co.za

购物

开普敦有很多大型购物中心、百货公司、古董店和艺廊。在圣乔治步行街和小胡同的专卖店中有各种流行服饰；在绿市广场，有服装、民间艺术品、装饰物等，也有出售鲜花和干花的摊位，还有来自世界各地的宝石；在水门区，一些专门商店内有玻璃精加工制品、砂画、编织等手工艺品，并有现场制作表演，可以去看看。郊外还有Tyger Valley、Cavendish等大型商店。如果想买纪念品，Adderley街和圣乔治街（St. George's Mall）附近有旅游纪念品商店，另外，在南非博物馆和国立美术馆，有景点明信片和画册出售，还有各种具当地特色的艺术品等。

开普敦特色购物	
特产	**备注**
黄金	南非占世界黄金资源量和储量基础的50%，每年生产大量的黄金，所以很多游客都会在这里购买大量的黄金，价格会比在国内低廉很多，而且有质量保证
钻石	南非的钻石闻名于世，不同价位不同档次的钻石这里都有，如果有购入钻石的想法，那么到了这里更是不能错过这些珠宝商店
葡萄酒	开普敦盛产葡萄酒，质量口感好，在各个餐馆都能够品尝到非常美味的葡萄酒，而且作为礼物送给家人朋友也是一个不错的选择
鸵鸟蛋工艺品	有"百蛋之王"的鸵鸟蛋是开普敦的特产，心灵手巧的当地人在鸵鸟蛋上进行各种彩绘、做成鸵鸟蛋雕刻工艺品等不同的装饰物，非常值得纪念
牙雕木刻	牙雕木刻是南非古老民族的智慧，是具有南非特色的工艺品。手工艺人精湛的技巧在这件工艺品上体现得淋漓尽致，非常有珍藏价值
编织工艺品	非洲的手工艺非常精美，手工编织品更是繁多，手包、篮子甚至首饰、挂毯等，这些工艺让人惊叹，带回家作纪念很有意义

购物街

1.长街

长街以沿路密集的各种书店、商铺和异国风情的餐馆、酒吧而闻名。每逢周末这里就变成了当地潮人的大本营，街道两旁布满各种酒店、酒吧及设计商店，随意找家商店，都可看到红、黄、蓝、绿随意撞色的设计，还有胶樽变挂饰，报纸作墙纸，废物利用，尽显创意。

2.圣乔治街

圣乔治街（St.George's Mall）的街边遍布小精品店，其中有很多让人爱不释

手的小商品，从各地宝石到当地的手工艺品琳琅满目，都非常有纪念意义。沿街走到街道的尽头便是政府大道，绿树成荫，景色很优美。

3.绿市广场

绿市广场（Greenmarket Square）是开普敦最著名的跳蚤市场，摊贩贩卖的东西琳琅满目，从时髦的鞋子和衣饰到精心制作的珠宝、装饰品和艺术品，应有尽有。广场西方隔两个街区处便是长街，值得慢慢游逛。这片商场有当铺和委托行、小饰品市场以及藏书丰富的旧书摊，专卖初版书籍和与非洲有关的著作。

地址：Sea Point

网址：greenmarketsquare.com

4.水门市场

水门市场是开普敦著名的休闲场地，建筑多为欧洲古典式的，有密集的酒吧、餐厅和工艺品店，还有现代化酒店、购物中心和各种娱乐设施。这里还有一些精致的店铺出售加工的玻璃制品。有一些还有现场制作表演，如沙画、编织等手工艺品的商品。

地址：Market Street, Cape Town

购物中心

1.Water Front

Water Front位于开普敦维多利亚港区，是开普敦最大的购物中心，每天有无数的人前往消费。Water Front里有各种专卖店、超市、书店、CD店、纪念品店、餐厅、咖啡店以及和好莱钨同步、上映最新电影的8家影院等，是海内外游客前往乐购娱的好地方。

地址：Cape Town, 8001

2.African Image

这家店所卖的全是非洲设计产品，有别

于一般特产店，店内大部分货品均由本土设计师设计，其余则采购自东非及西非，这里所展示的商品可谓独一无二。两层高的店铺挂满了各种有趣的设计品，让人应接不暇。African Image的老板还特意在小店旁边开了一家NZOLO Cafe，方便客人小憩。

地址：Burg and Church Streets, in Cape Town

电话：021-4238385

网址：www.african-image.co.za

3.The Rainbow Experience

这是一家设计画廊，地下有售卖串珠工艺品及绒织玩偶等南非本土精品的地方，二楼有工艺品展示区。店内书柜还放有关于曼德拉的书籍、纪录短片。另外，该店还开办各种工作坊，让旅客体验涂鸦、手掌绘画及传统工艺制作等小摆件。

地址：Mandela Rhodes Place, Cape Town City Centre

电话：021-4221428

4.Canal Walk

Canal Walk是开普敦有名的一家大型购物中心，同时也是开普敦的时尚地标。这里集中购物、美食、娱乐为一体，不同年龄阶段的顾客可以找到不同的娱乐需求，体验到多种乐趣。这里不仅有让女士为之疯狂的品牌服饰、皮包，还有孩子们的游乐天堂，也有普通休闲人群聚集的电影院、美容院。

地址：Century Pl Blvd, Century City, Cape Town, 7441

电话：021-5299600

网址：www.canalwalk.co.za

5.Victoria Wharf

Victoria Wharf是开普敦一家大型购物商场，因靠近渔人码头而吸引很多游客来此采购各种高端奢侈品，而且购物中心周边环境很好，维多利亚港休闲区有不少娱乐设施、餐厅、酒吧、咖啡馆等，是方便游客休息的地方，晚上则是另一番景象，并且夜景十分美丽。

地址：V&A Waterfront, Cape Town 8001, South Africa

电话：021-4087500

6.Pick &Pay Wynberg

Pick & Pay Wynberg是南非的四大连锁超市之一，遍布南非全国各地，物价很是便宜，特别是蔬菜水果肉食和其他各种加工食品和饮料。

地址：Main Road, Wynberg, South Africa

电话：021-7628064

娱乐

开普敦的娱乐生活非常丰富，拥有很多热闹非凡的娱乐场所。白天可以享受各种户外娱乐项目，无论是葡萄酒庄园品酒赏日落，还是去海豹岛、企鹅岛看呆萌的动物，或是徒步、划船、观鲸观鲨等。到了夜晚，这里有剧院，经常有著名的歌剧、交响乐团等上演；电影院经常上演各种大片和经典电影。此外，这里还有氛围舒适的酒吧，酒吧的规模不一，但都各有特色，大都是英国式的，令人感觉很踏实。海角区、港口一带，星期三、星期五、星期六最热闹，人在里面狂欢，彻夜舞动。

开普敦娱乐项目	
娱乐项目	备注
风筝冲浪	每年10月至次年4月，开普敦西南海角会刮起猛烈的东南风，使此地成为最适宜风筝冲浪的地方之一。初学者和专业运动员都在这里进行冲浪活动，其中Langebaan潟湖水温较高、沙洲浅、风向稳定，最适合初学者
海豹浮潜	豪特湾和福斯湾等地有多处海豹浮潜点，那里提供全套浮潜装备和浮潜游。即使没有浮潜经验的人，也可以下水与海豹同游。通常一人300～550兰特
赫曼努斯观鲸	每年的8月至11月，是赫曼努斯观看鲸鱼的最佳时期，两大洋交汇处的洋流为鲸鱼提供了大量的浮游生物和鱼类作为食物，让这里成为观鲸的最佳去处
鲨笼潜水	鲨笼潜水是西蒙镇最受欢迎的娱乐项目，游客可以选择乘船观赏鲨鱼，而持有潜水证的游客则可以选择在安全的铁笼里潜入海底，体验鲨鱼围绕周边的惊心动魄、观看鲨鱼捕食的凶残画面

开普敦娱乐休闲地			
娱乐休闲地	地址	电话	特色
The African Dance Theatre	Main Rd.,Rondebosch, Cape Town	21－6857880	表演非洲本土舞蹈的剧场，有很多非洲歌曲，这种表演融合了祖鲁战舞和爵士舞与众不同的表演风格
Stoked School of Surf Lesson &Surf Trips	Camps Bay,South Africa	82－4128781	冲浪学校沿着美丽海滩和花园大道、原始海岸线进行4～7天的冲浪学习。这里可以进行私人冲浪之旅，更加的惊险刺激
Cape Town Helicopter	E Pier Rd.,V & A Waterfront,Cape Town	21－4253868	乘坐直升机一睹桌山的风采，观赏开普敦全景，是一次非常难得的体验

开普敦酒吧推荐		
酒吧场所	地址	电话
Alexander Bar	76 Strand Street, Cape Town Central 8001	21－3001088
Bascule Whisky, Wine & Cocktail Bar	Cape Grace Hotel, W Quay Rd, Cape Town	21－4107082
Alba Lounge	Victoria and Alfred Waterfront, Cape Town Central	21－4253385
Julep Bar	Off Long St., Cape Town Central	21－4234276
Planet Bar	76 Orange St	Mount Nelson Hotel, Cape Town Central 8001	21－4831000

Part8

第四站，布隆方丹

　　布隆方丹被称为"玫瑰之城"，每年都会举办让众多人瞩目的玫瑰节。这里极慢的生活节奏使得每一个来到这里的人都不忍离去。在军舰山公园，游人可饱览整个城市的优美风景，在附近的富兰克林，可以看到众多野生动物。当然布隆方丹的精彩不限于此，现在就去一探究竟吧！

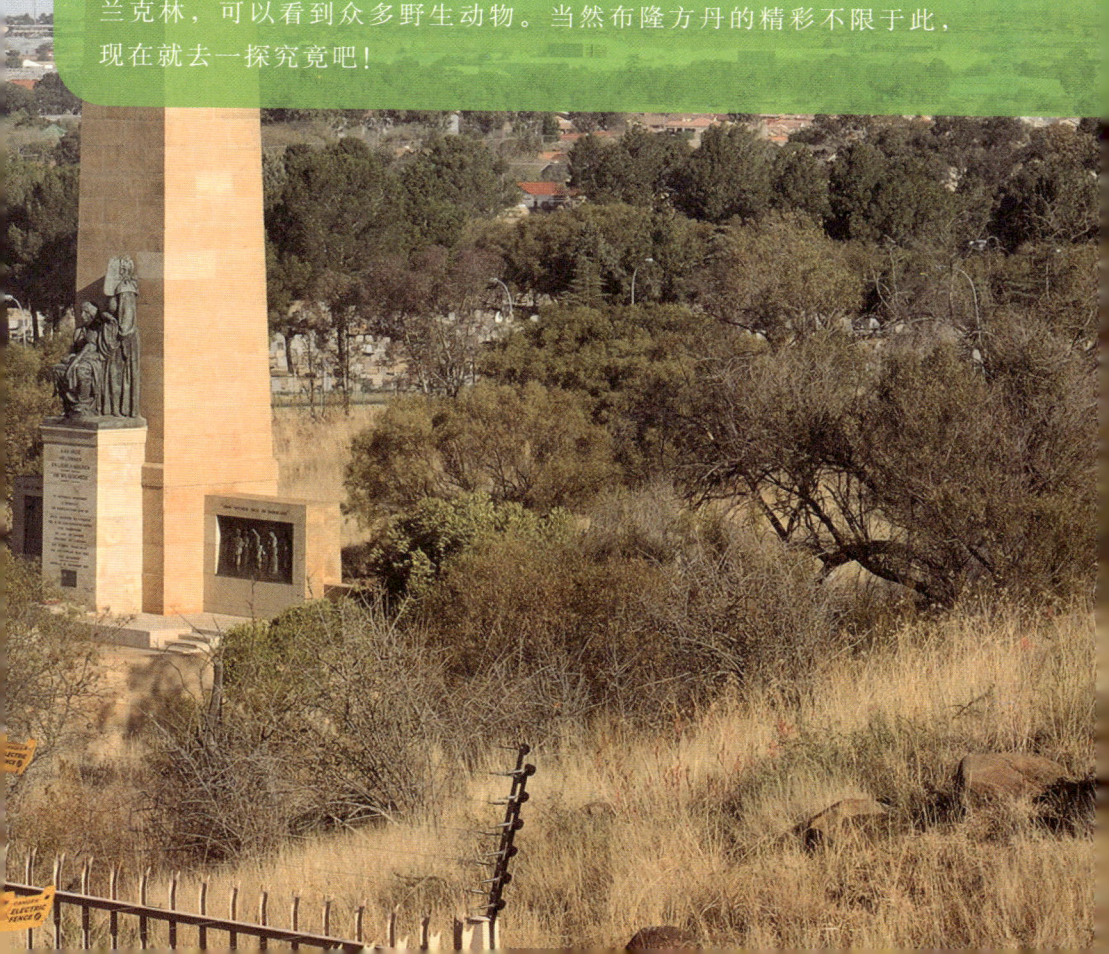

布隆方丹印象

玫瑰之城

布隆方丹，荷兰语意为"花之泉"，是自由州省的首府，也是南非的司法首都，它还被称为"玫瑰之城"，市内种植着超过4000丛玫瑰花的国王公园，每年都会举办盛大的玫瑰节。布隆方丹位于中部高原，为全国的地理中心，四周有小丘环绕，风景秀丽。

旅游胜地

布隆方丹市内多花园，有占地120平方千米的国王公园。这里晴朗天气较多，为观

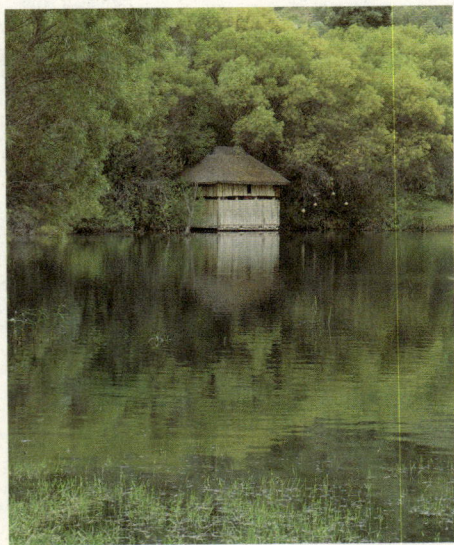

测天文提供优越条件，美国密执安大学在城郊的纳瓦尔山上建有拉蒙特—胡塞天文台；哈佛大学也曾在城东24千米的马泽尔斯普特建有波伊登观测站。附近的富兰克林野生动物保护地是南非的旅游胜地之一。

建筑之都

布隆方丹虽然规模不大，但是在这片土地上保存有很多古老的建筑，有展览南非著名恐龙化石的国家博物馆，建于1848年的最古老的城堡；只有一个房间的建筑旧省议会和为纪念在第二次南非战争中死去的妇女和儿童而建的国家纪念碑等。这些具有代表性的建筑都有各自的风格，精彩纷呈的建筑艺术文化融汇在这里。

减压之地

布隆方丹开阔的空间反映了人民的开放性，友好、热情和无声的庄重。这座小城把乡村的安宁和充满活力的城市生活独特地融合在一起。没有理由发生冲突，不同文化也以和谐的方式互相融合。这里没什么压力，很少有快节奏的生活，宁静的气氛触手可及，在每条街道和路面都能体验到，一切都是那么干净和井井有条。

游在布隆方丹

布隆方丹国家博物馆
南非化石收藏量最多的博物馆之一

INFO 旅游资讯

✉ 36 Aliwal Street ,Bloemfontein
☎ 051-4479609
¥ 成人5兰特，儿童3兰特，学校团体学生票2兰特，教师4兰特
🕐 周一至周五 8:00~15:00，周六 10:00~17:00，周日及公用假日 12:00~17:30

　　布隆方丹国家博物馆（National Museum Bloemgontein）位于阿里瓦尔大街与查尔斯大街的交叉口。博物馆内的弗洛里斯巴头骨是该博物馆的镇馆之宝，据鉴定，其源于公元前3.3万年，被认为是非洲人的始祖。博物馆内还藏有很多著名的恐龙化石和考古工艺品，是南非此类博物馆收藏量最大的博物馆之一，还有非常丰富的人类学和民族学展品展示。

South Africa 不懂**外语**也能**HIGH**

1　在这座博物馆内，可以看到推测为源于公元前3.3万年的人类头盖骨、土器等史前文物，还有珍贵的闪族、索托族和祖鲁族等民族饰品，大量的展品令人震撼。此外这里还有1993年发掘的最古老的霸王龙化石。博物馆内还有咖啡馆、纪念品店等娱乐休闲地。

2　国家博物馆中的藏品非常丰富，极具有考古价值，喜欢史前文化的游客千万不可错过这里，对于研究人类学和民族学很有帮助。

第四拉德萨尔
自由邦省省议会所在地

INFO 旅游资讯

✉ President Brand Street
☎ 051-4479609
🕐 周一至周五 8:00~16:00，周六日休息
🌐 www.nasmus.co.za

　　第四拉德萨尔位于法院对面，是布隆方丹最漂亮的建筑之一。这座建筑的基石是F.W.Reitz总统于1890年奠基的，整座建筑于1893年完工。在英军于1902年占领布隆方丹之前，奥兰治自由邦省老布尔共和国的最后一届议会正是在此举行。现如今第四拉德萨尔已成为自由邦省省议会所在地。

不懂外语也能HIGH

1 这是一座由红砖修建的古老建筑，现在它依然屹立在市中心，看上去还是那样醒目。建筑的圆顶设计和有艾奥尼亚式柱子修饰的门廊十分有艺术感，在这座建筑物前面是的克里斯汀·迪·韦特将军的纪念碑。

2 第四拉德萨尔只是建筑就很有参观价值，红砖瓦修的古建筑，富有一种历史的厚重感，是布隆方丹最漂亮的建筑之一，同时也是布隆方丹的地标。

旧总统府

具有苏格兰风格的建筑

INFO 旅游资讯

✉ Cnr.President Brand & Georges St.
📞 052-4480949
💰 免费
🕐 周一至周五 7:30 ～ 16:00，周六日休息

旧总统府（The Old Presidency）位于布兰德总统大街与圣乔治大街交叉口，这是一座具有苏格兰风格的优美建筑，由雷诺库斯·卡尼古设计。这座建筑于1886年建成，曾是奥兰治共和国三位总统的官邸，而现如今是一座文物历史博物馆。

不懂外语也能HIGH

1 这座文物历史博物馆的一层有个陈列馆，里面陈列着 19 ～ 20 世纪曾居住在此的 3 位总统的生活用品，还有一个巨大的宴会厅陈列其使用过的家具和摆设，并且在很大程度上保留和复原了当时的生活环境。

2 旧总统府里面的装饰十分有风情，复原了南非三位总统在此居住时的场景，并且有导游介绍这官邸的历史，更能了解南非的历史。

羊肠小道

安静的农场/度假好地方

INFO 旅游资讯

✉ 自由省的东部
🚌 从布隆方丹出发到达 Mont Plaisir，再往北走 N1 高速公路，然后转到 R70 路直到 Fouriesburg 路
📞 058-2230505
💰 两天的穿越之旅 800 兰特 / 人（包括膳食住宿）；两天的培训课程 240 兰特 / 人

羊肠小道是一片安静的农场，是人们享受户外活动理想的度假地，同样也是骑马爱好者的风水宝地。这里的砂岩丘陵是各种岩画的家园，可以追溯到几百年以前。来这里度假，还可以看到各种各样的羚羊，以及斑马和牛羚。来此探索神秘的自然景观绝对是一次迷人的体验。

不懂外语也能HIGH

1 羊肠小道是人们亲近大自然的最佳之地，来到这里，青山绿水，白云相间，环境非常好，可以参加各种户外活动，非常有趣。

2 在此，游客可以来一次为期 2 天的骑马探险之旅，这包括在农场的露营地休息一晚。这里的农场提供各种形式的住宿，包括农舍、田野茅舍、圆形茅屋（圆屋）以及小木屋，都非常值得体验。

自由邦体育场

自由邦体育场于1952年开始建设，2008年底升级完工。由于电信巨头沃达康的赞助，自由州体育场也叫作沃达康公园体育场。这座球场是南非历史上最悠久的球场之一。在此曾举办过1996年非洲国家杯1/4决赛、1995年的橄榄球世界杯和2009年的国际足联联合会杯比赛。

South Africa 不懂外语也能HIGH

1 这个体育场翻新后，其球场西侧大看台新增加了一层，另增加了旋转门、电子记分牌，升级了泛光灯、闭路电视和媒体设备等，现在球场可容纳4.8万人。

2 布隆方丹当地人非常热爱体育运动，这里的大学和学院中曾走出过很多国际级运动员。在这个仅有50万人口的城市，拥有着一流的体育场、足球队和橄榄球队。来到这里可以到体育场近距离观看一场球赛，想必会让你终生难忘。

Phakisa赛道

南非大型多功能体育场

Phakisa赛道又称Phakisa高速公路，位于约翰内斯堡和布隆方丹中间。赛道呈椭圆形，是美国之外仅有的三赛道之一，同时也是非洲唯一的一个曾被用作举办国际赛事的赛道。现在这里被作为一个多功能体育场使用，时常举办摩托车以及自行车赛事。

INFO 旅游资讯

- 57-391800
- 自驾沿着 N1 高速公路，从约翰内斯堡南部出发仅 3 小时可到
- ¥ 100 兰特

South Africa 不懂外语也能HIGH

1 在这里可以看到高质量的比赛，这个赛道十分的苛刻，除了挑选好车外还要有足够的勇气。Phakisa 赛道在国际大奖赛和大型赛事举办期间提供野营地和烧烤场，感兴趣的游客可以提前查阅好赛事时间。

2 在这条赛道上定期举办赛车活动，它的特色是超级跑车、摩托车、大众赛车以及四驱车比赛，吸引了很多爱车的游客。

周边景点

弗里德堡陨石坑

世界最壮美的陨石坑之一

INFO 旅游资讯

✉ 自由邦省弗里德堡城
📞 058-2550012

　　弗里德堡陨石坑（Vredefort crater）位于自由省的弗德里堡城，是世界上最古老、最大的陨石坑。据考证，这个陨石坑形成于21亿年前，是目前已知的形成年代最久远的陨石坑。2005年被列入《世界遗产名录》，成为南非的第七处世界遗产。

South Africa 不懂外语也能HIGH

1　弗里德堡陨石坑无疑是世界上最壮美的陨石坑，行星撞击的痕迹清晰可见，令人惊叹。这个大坑含有无穷的秘密，让人捉摸不透，极具研究价值，同时也是探索大自然奥秘的好去处。

2　这陨石坑的直径为250~300千米，人们原来一直将弗里德堡陨石坑看作是古老的火山口，但经科学家考究，陨石坑中的矿物质成分与火山石不同，其成分表明它应该是地球以外的星体撞击地球后产生的。

金门高地国家公园

风景秀丽的国家公园

金门高地国家公园（Golden Gate Highlands National Park）以其险峻的砂岩峭壁而著名，是南非自由邦省唯一的国家公园。公园主要用于保护风景秀丽的自然环境而建。公园以金色、赭色和橙色调的砂岩悬崖和露出岩层而命名，尤其岩石顶端的秃鹰、黑鹰和朱鹭最为奇观。金门高地国家公园里还发现了很多古生物遗骸，包括恐龙蛋和恐龙骨骼化石。

INFO 旅游资讯

✉ 自由邦省 Maluti 山下，距布隆方丹 300 千米左右

☎ 058-2550012

South Africa　不懂外语也能HIGH

1 当阳光投射在砂岩峭壁上形成的光影，堪称奇观，让人被大自然的杰作所震撼。园内以迷人的景致和怡人的气候闻名，这里还提供酒店住房、圆形茅屋和自炊式小屋，非常贴心。

2 金门高地国家公园内设有私人保护区，同国家公园相比，这些私人保护区可以提供更加特别的服务，使游客能更加靠近动物，而导游的服务也更加职业和热情，可以向游客介绍很多珍稀动物的知识。

3 金门高地国家公园拥有丰富的高地植被和山地草原，还有高山草原等南非稀缺品种，并且公园引入了蜥蜴和水豚。公园内除了哺乳动物，还有超过 210 种鸟类，包括罕见的大胡子秃鹰和濒临灭绝的普秃鹰和开普敦秃鹰。

169

钻石之都金伯利

金伯利概况

金伯利（Kimberley）是南非开普省省府城市，位于中部高原，海拔1220米，人口约15.8万。尽管英布战争给金刚石矿业带来了严重的破坏，但重建后，发展迅速，已成为世界闻名的金刚石产地。金伯利的交通发达，铁路干线西南通开普敦，东北达约翰内斯堡和比勒陀利亚。周围以埋藏富含金刚石的角砾云母橄榄岩管状矿体著称，素有"钻石之都"的美誉。

金伯利旅游胜地

金伯利大洞

金伯利大洞（Kimberley Big Hole）是金伯利地区一个著名的旅游胜地，在这里出产了14504566克拉钻石（约等于2722千克）。直到1914年，这里的石头被完全挖光。当时，金伯利大洞露天矿已有215米深，采矿隧道更深达1100米。目前，渗水和雨水已淹没了该洞的一半。

地质学家们还发现了其他一些含有钻石的金伯利岩矿管，而且今天在金伯利周围和南非的其他地区还有许多大洞。

金伯利矿山博物馆

金伯利矿山博物馆（Kimberley Mine Museum）是由原始建筑和重建建筑组成，在

这里游客可以了解与钻石一同发展起来的金伯利的历史。在博物馆的展厅中可以看到采掘钻石的机器等，而且还有第一个有记载的、在南非发现的钻石尤里卡（Eureka），保存在博物馆中供游客观看。走进博物馆游客可以在这里体验钻石开采的操作过程。

钻石的形成

钻石是指经过琢磨的金刚石。金刚石是一种天然矿物，是钻石的原石，在地球深部高压、高温条件下形成的一种由碳元素组成的单质晶体。人类文明虽有几千年的历史，但人们发现和初步认识钻石却只有几百年，而真正揭开钻石内部奥秘的时间则更短。在此之前，伴随它的只是神话般具有宗教色彩的崇拜和畏惧的传说，同时把它视为勇敢、权力、地位和尊贵的象征。如今，钻石不再神秘莫测，更不是只有皇室贵族才能享用的珍品，它已成为百姓们都可拥有、佩戴的大众宝石。

世界最大的 10 颗钻石

库利南

1905年1月21日发现于南非普列米尔矿山。它纯净透明，带有淡蓝色调，重量为3106克拉。后来被加工成9粒大钻石和96粒较小钻石。其中最大的一粒名叫"非洲之星第Ⅰ"，呈水滴形，镶在英国国王的权杖上；次大的一粒叫作"非洲之星第Ⅱ"，方形，64个面，重317.4克拉，镶在英王王冠上。

布拉岗扎

1725年发现，显巴西境内发现的最大钻石。它近乎无色，仅带有极轻微的黄色，重量为1680克拉。后来不知去向。有人怀疑，这颗钻石后来可能经更权威的鉴定，发现它并不是钻石，而是一颗黄玉。

一颗未予命名的大钻石

1919年，在普列米尔矿山找到一颗重达1500克拉的金刚石，颜色也和库利南相似，因此有人认为它和库利南是同一个大晶体破裂而成的，故没有给这块金刚石专门命名。

尤里卡

1893年，发现于南非奥兰治自由邦的贾格斯丰坦钻石矿，它光滑透明，呈蓝白色，光泽极佳，是一颗质量上乘的钻石。琢磨后最大的一颗重69.68克拉，被称作"高贵无比"。

塞拉里昂之星

塞拉里昂的钻石以品质佳，颗粒大，有良好的八面体晶形而著称于世。塞拉里昂之星是1972年2月在扬格玛的钻石矿上发现的，重为968.9克拉，无色。

科尔德曼·德迪奥斯

科尔德曼·德迪奥斯是巴西在发现"布拉岗扎"之后所发现的最大的钻石，重922.5克拉，具极佳的蓝白色。

库稀努尔

库稀努尔（Kohinur）是世界上已知最古老的钻石，相传在13世纪时发现于印度著名的古钻石矿区——哥尔负达。原石重约800克拉，被称为"库稀努尔"。后被加工成椭圆形，重108.83克拉，无色（略带灰），并更名为"光明之山"。

大莫卧儿

大莫卧儿（Great Mogul）也是世界著名的古钻石之一。1630～1650年间发现于印度的可拉矿区，原石重787.5克拉，被加工成玫瑰花型，后来去向不明。

沃耶河

沃耶河（Weyie River）是1945年发现于塞拉里昂沃耶河谷砂矿中的大钻石。原石重770克拉，近于无色，品质甚佳，后被切割加工成30颗琢形钻石，最大者为31.35克拉，被命名为"胜利钻石"。

金色纪念币

金色纪念币（Golden Jubilee）1986年发现于南非的普列米尔矿山。原石重755.50克拉，呈深金褐色，后来磨出了一颗545.67克拉的大钻。这是目前最大的一颗雕琢型钻石。

171

世界上最名贵的 10 颗钻石

非洲之星

"非洲之星"是世界上最大的切割钻石。这颗钻石由美国一家公司切割，该公司在研究了这颗钻石6个月后，才确定如何切割。

光之山钻石

这颗钻石有最古老的记载历史，最早历史可以追溯到1304年。在维多利亚女王在位时被再度切割，之后被镶嵌在英国女王的王冠上，这颗钻石现在重108.93克拉。"光之山"钻石据说是上帝送给一名忠实信徒的礼物。

艾克沙修钻石

"艾克沙修"不光是世界上最大的钻石之一，它还是迄今为止全球发现的第二大钻石。

大莫卧儿钻石

大莫卧儿是17世纪在印度发现的钻石。大莫卧儿根据泰姬陵的建造者沙迦汗命名。但是，这颗钻石后来失踪了，有人认为，光之山钻石可能就是由这颗钻石切割而成。

神像之眼钻石

这是一颗扁平的梨形钻石，大小有如一颗鸡蛋。"神像之眼"重70.2克拉。传说它是克什米尔酋长交给勒索拉沙塔哈公主的"赎金"。

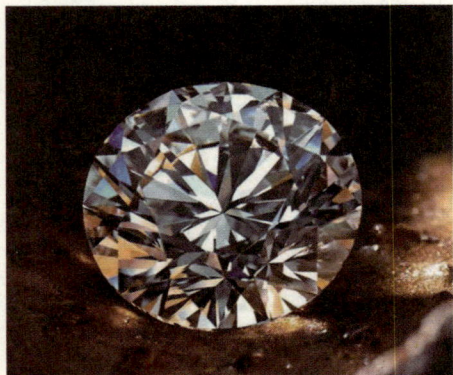

摄政王钻石

摄政王钻石是一名印度奴隶于1702年在谷康达附近发现的。摄政王钻石以其罕见纯净和完美切割闻名，它无可争议当属世界最美钻石。

奥尔洛夫钻石

奥尔洛夫钻石是世界第3大切割钻石。它有着印度最美钻石的典型纯净度，带有少许蓝绿色彩。

蓝色希望钻石

它被认为有著名的塔维奈尔蓝钻的特点，1642年被从印度带到欧洲。它曾属于法国国王路易十四。今天你可以在华盛顿史密森学会看到这颗钻石。

仙希钻石

它最初属于法国勃艮第"大胆的查尔斯"公爵，公爵于1477年在战争中弄丢了这颗钻石。仙希钻石为浅黄色，出自印度，据说它是被切割成拥有对称面的第一大钻石。

泰勒·巴顿钻石

这颗梨形钻石是1966年在南非德兰士瓦省第一矿发现的。理查德·巴顿为伊丽莎白·泰勒花110万美元买下了这颗钻石，给它重新取名为"泰勒·巴顿"。

旅游资讯

交通   进出布隆方丹

飞机

    布隆方丹机场距离市中心10千米，有飞往开普敦、约翰内斯堡、伊丽莎白港和德班的航班。而要想从机场去市中心的话，乘坐出租车目前是最好的选择。

    地址：Private Bag X20562，Bloemfontein 9300

    电话：051-4332331

    网址：www.airports.co.za。

火车

    布隆方丹车站坐落于市中心，位于英王公园的东面，共有4条火车线路穿梭在约翰内斯堡、德班、伊丽莎白港之间，交通十分方便，非常有利于当地市民出行。

主要火车信息		
中文名	英文名	备注
索索罗沙美尔公司	Shosholoza Meyl	主要是过夜列车，经由布隆方丹在约翰内斯堡和德班之间穿行
阿果亚湾	Algoa	这趟列车的旅行线路在约翰内斯堡和伊丽莎白港之间
阿玛托拉	Amatola	这趟列车同样要经由布隆方丹穿行在约翰内斯堡和东伦敦（南非东部一港市）间
钻石快车	The Diamond Express	这趟列车是另外一条通往约翰内斯堡的列车服务

市内交通

    布隆方丹市内的主要交通方式是公共汽车和租车。在城市里的观光中心附近，主要的客车公司都有公共汽车站，以方便联系南非西部城市和地区。在布隆方丹旅游中心有豪华的城际公共汽车站。

市内交通	
交通工具	概况
公共汽车	每天都有公共汽车去往德班（运行9小时）、约翰内斯堡和比勒陀利亚（5小时）、伊丽莎白港（9小时）、东伦敦（7小时）、开普敦（10小时）、尼萨（12小时）。另外也有公车服务去Thabu Nchu casino（1小时）和莱索托王国首都马塞卢（3小时）
租车	在布隆方丹，有不少地质奇观值得去探寻，租车自驾无疑是最直接最方便的交通方式。南非有不少租车公司可以异地租车，像Avis国际租车、Welkom汽车租赁公司等都是不错的租车公司，有各种车型可供选择

住宿

　　布隆方丹的住宿条件属于中等，这里的酒店以"为顾客提供高品质的服务"为宗旨。主要分三星和四星级的现代酒店，而在接近体育馆的地方，则有一些非常好的宾馆，有多家标准旅店和自助式的住宿设施。在城市的边缘还有非常有意思的小屋和度假胜地可供选择。

布隆方丹高档酒店				
中文名称	英文名称	地址	电话	网址
普罗梯亚威洛湖酒店	Protea Hotel Willow Lak	101 Henry Street, Willows,Bloemfontein	051-4125400	www.proteahotels.com
德尔斯雷庄园豪华宾馆	Dersley Manor Luxury Guest House	Bloemfontein	082-5581945	www.dersleymanor.co.za
布隆方丹普罗蒂亚酒店	Protea Hotel Bloemfontein	202 Nelson Mandela Rd.,Bloemfontein	051-4444321	www.proteahotels.com
北山旅馆	Northhill Guesthouse	14 Danie Pienaar Crescent	021-4384010	www.primiseacastle.com
非洲小屋	African Lodge	237 President Paul Kruger Ave. Bloemfontein	051-5224009	www.africanlodgesa.co.za

布隆方丹舒适酒店				
中文名称	英文名称	地址	电话	网址
班维拉公园酒店	Bains Chalet Park	84 Melville Dr, Bloemfontein	083-9944215	www.brebnerhouse.co.za
第一宾馆	Premiere Guest House	4 Nauhaus St. Bloemfontein	051-4441290	—
桑吉罗小屋	Sangiro Lodge	kenneth kaunda Rd. Bloemfontein	051-4334813	www.sangirogamelodge.co.za
绿场招待所	Die Groen Akker Guesthouse	Bloem Plaza, East Burger Street Bloemfontein	051-4038000	www.proteahotels.com
斯坦维勒酒店	Stanville Hotel	85 Zastron St. Bloemfontein	051-4477471	www.stanville.co.za

布隆方丹经济酒店				
中文名称	英文名称	地址	电话	网址
艾提斯莫旅馆	Altissimo Guesthouse	11 Bloemendal St. Bloemfontein	021—7621543	www.andante.co.za
犀溪旅馆	Rhino Creek Estate	7 Springbok Avenue Bloemfontein	051—4126309	www.rhinocreek.co.za
阿里斯塔旅馆	Arista Bed & Breakfast Guesthouse	15 Eddie De Beer St. Bloemfontein	051—4361122	www.aristaguesthouse.com
拜恩斯小屋	Bains Game Lodge	31 Old Kimberley Road	051—4511761	—
韦力肯招待所	Relekane Guest House	14 De Waal Rd. Bloemfontein	051—4357169	www.relekane.co.za
橡树旅馆	Oak Tree Lodge	27 Voortekker Street Ladybrand	021—8632631	www.oaktreelodge.co.za

美食

　　布隆方丹最具影响力的传统美食首推马来料理。马来菜向来以美食界的调味艺术品而闻名，各种香料和调味料如辣椒、豆蔻、肉桂、丁香等都运用得淋漓尽致。最受欢迎的马来菜有小龙虾拼盘、肉食为主的大菜有咖喱鸡、香辣优酪乳鸡等。除此之外，番茄咖喱羊肉、香辣洋葱咖喱羊肉等是不可错过的美食。其美食中多种调味香料，像肉桂、胡荽、茴香、大蒜、丁香、姜黄、呆酱等材料使得各种食材如魔术般开发味蕾。

布隆方丹美食餐厅推荐

1.7 on Kellner

　　餐厅的外部有一个露天小酒吧，非常有氛围，夏天时可以在阳台边享受美景边品尝美食，这里除了美味的菜肴还有精致的餐后甜点，甜点中巧克力冰激凌是最受欢迎的小食，鸡尾酒也是不错的美食伴侣。

　　地址：7 Kellner St. Bloemfontein

　　电话：051—4477928

2.Margaritas Sea Food&Steaks

　　这是一家性价比很高的海鲜餐厅，有点巴西风味。分量充足的套餐里食物非常丰富，有炸鸡、龙虾、牛排、焗蜗牛等美味，

再配上一杯葡萄酒便是最好的享受。

　　地址：59 Milner Rd., Bloemfontein, South Africa

　　电话：051—4363729

3.Avanti Italian Restaurant

　　这家意大利风味餐厅融合进了南非口味，研发的新菜式博得食客喜欢，甚至被称为布隆方丹最好的餐厅，虽然价格较高，但是绝对值得体验。这里的牛肉非常受欢迎，肉质鲜嫩又美味，点击率很高。

　　地址：Main House,53 Second Avenue | Westdene,Bloemfontein 9301

　　电话：051—4474198

175

4.The Terrace @ Oliewenhuis

这家餐厅十分具有艺术气息，位于一座小花园内，还有一间画廊，在如此有氛围的环境中品尝美食一定是难得的享受，并且这里价格合理，食物也非常贴心，让人有种宾至如归的享受。

地址：16 Harry Smith street, Bloemfontein 9301

电话：051-4486834

5.Longhorn

这是一家可供应消夜的餐厅，因可以品尝到价格合理且美味的牛排和羊排而吸引很多食客前往这里一探究竟。但除了牛羊排，这里的鱿鱼也做得非常美味，特殊的烹饪方式绝对令人惊艳。

地址：Du Plessis Avenue,Langenhovenpark,Bloemfontein

电话：072-0200570

6.Casa Bella

这是一家氛围很棒的异国风味餐厅，主打美式熟食，时尚的装修，各式的海报和纽约标识性建筑图让这里充满动感，正如这里的美食。这家餐厅最受欢迎的当属美式牛排。

地址：Medene Centre 60 Second Ave.,Bloemfontein

电话：051-4477279

购物

布隆方丹主要有两个大型的购物中心，一个是Mimosa Mall，还有一个是Loch Logan Waterfront Mall。两大购物中心都是集购物、娱乐、餐厅为一体的综合娱乐场所，都位于市中心，这里也是人群聚集最多的地方，每到节假日和打折季，那里便是购物者的天堂。

购物中心

1.含羞草商场

含羞草商场（Mimosa Mall）位于布隆方丹的市中心，是布隆方丹的标识性建筑，同时也是布隆方丹最豪华的著名购物地。这里的环境布局紧凑，但不拥挤。进入商场，首先吸引人眼球的是高级时装专卖店，各个顶尖品牌在此汇集，约120个专卖店，各个专卖店装修得都很豪华，在这样的地方购物，心情就很舒畅，此外，这里还有电影院、餐厅等。

地址：Kellner St Bloemfontein 9301

电话：051-4446914

开放时间：周一至周四9：00～18：00，周五9：00～20：00，周六9：00～17：00，周日9：00～14：00

网址：www.mimosamall.co.za

2.洛根海滨购物中心

洛根海滨购物中心（Loch Logan Waterfront Mall）是布隆方丹的主要购物中心之一，位于市中心，靠近高档住宅区，是购物、住宿、娱乐的最佳选择地。商场内超过100家店铺，还有遍布餐厅、咖啡厅、影院、美容院、银行以及健身房等。商场交通方便，距离布隆方丹机场仅10分钟车程。

地址：Corner of Henry St and First Ave, Bloemfontein

电话：051-4483607

开放时间：周一至周五9：00～18：00，周六8：30～17：00，周日10：00～14：00，公共假日9：00～14：00

网址：www.lochlogan.co.za

娱乐

布隆方丹的娱乐项目丰富，除了户外探索外，夜生活也是十分多彩的。布隆方丹市区夜晚最热闹的地区当属洛根海滨区（Loch Logan Waterfront），周围有一个巨大的湖，这里有水上运动、饭店、小吃街、小酒馆、剧院、电影院、商场和工艺品店等。晚上约几个朋友一起来这里逛夜市、看一场电影或是到酒吧里喝上一杯等，都是一个消磨时间的好去处。

布隆方丹的酒吧推荐			
酒吧场所	地址	电话	类型
Galaxy Pizzeria Rest & Bar	1 Ehrlich St Bloemfontein	051-4443320	酒吧，有优秀的现场音乐
Touristo Food Bar	10 Park Rd Bloemfontein	051-4483670	有超棒的饮料和酒水
Tattersalls & Sports Bar	142 Nelson Mandela Road Bloemfontein	051-4488881	是一座建于16世纪的老酒吧，氛围很好
Lets Eat Right Health Bar	13 Preller Square Bloemfontein	051-4367070	有著名乐队的巡回演出
Jalapeno Catering	75 General Dan Pienaar Drive Bloemfontein	082-9255918	鸡尾酒的种类繁多

第五站，伊丽莎白港

　　伊丽莎白港阳光明媚，气候宜人，是世界著名的度假胜地。来到这里你可以尽情地玩帆板、驾船航海、出海垂钓或潜水，总有一种水上活动适合你。

伊丽莎白港印象

动感之城

伊丽莎白港的宜人气候也许胜过了世界上的任何一座城市，她的明媚阳光，让所有来到伊丽莎白港旅游的游客想马上扑向她的怀抱，无论是在一年之中的何时，无论是在一周之中的何日，在这里你会感到特别的放松于亲切，另外，这里还是南非的水上运动之港，你可以在这里玩帆板、航海、垂钓和潜水。

美食之城

随着欧洲移民、马来人及印度人的到来，伊丽莎白港形成了多样融合的烹饪艺术，尤以芳香浓郁的咖喱料理最出色，慢炖拼盘、传统非常佳肴及本土烧烤最为脍炙人口。伊丽莎白港内陆小镇奥茨颂，有着众多的鸵鸟养殖场和距今15万年的刚果溶洞。在这里不仅能参观鸵鸟园，还能进行有趣的骑鸵鸟比赛，品尝鸵鸟餐。

汽车之城

伊丽莎白港于南非的地位，大约相当于"非洲的底特律"，这里是南非的汽车工业中心，福特、通用、大众等多家国际汽车公司在此设有装配厂。而从旅行的角度来看，伊丽莎白港则记录了南非的一段历史，曾经，这里是一座军事堡垒，200多年的发展，使它成为南非的枢纽城市。

原始森林

在伊丽莎白港可以体验蹦极的惊险刺激，也可享受原始森林中的阳光午餐，更能体会在丛林间滑翔穿越的那份自由与浪漫。在被保护很好的原始森林中，可以与野生的猴子一起在丛林里穿越，心安理得地享受着大自然所赐予的快乐。

干净之城

伊丽莎白港，南非最干净的城市之一，她是原东开普省首府，位于东开普省的阿尔格湾。在这座干净之城中拥有无数个美丽的海湾和洁白的沙滩。这座三面环水的港口城市，被湛蓝的海水包围着，港口内坐落着很多国家公园，动植物物种丰富，还具有很多的稀有物种。

游在
伊丽莎白港

阿多大象国家公园
拥有千余种动物的国家公园

INFO 旅游资讯
- R335 Addo
- 042-2338600
- 成人 80 兰特，学生 40 兰特
- www.sanparks.org

　　阿多大象国家公园（Addo Elephant National Park）是伊丽莎白港北边100千米处的大象区。此公园建于1931年，由Trollope创建，以专门保护非洲大象为主，目前公园内除了大象之外，还有巨羚、红狷羚羊、角马、疣猪、黑犀牛、非洲水牛、黑背豺狼等1000余种动物。公园被茂密的常绿灌木所覆盖，其中不乏稀有的特色植物，尤其是那些多汁灌木，已经有灭绝的可能性。

不懂外语也能HIGH

1 阿多大象国家公园内的大象是俗称的非洲象，个性凶猛刚毅，在非洲丛林中所向无敌、称霸一方。一般阿多公象高约4米，母象也有3米，是身高仅次于长颈鹿的动物。阿多大象食量很大，吃遍一处丛林又一处丛林，所以公园内的植被稀疏。

2 阿多公园内设有狩猎小屋，内部陈设一应俱全，园内有专业向导提供日夜狩猎服务。晨曦的"阿多"、夕阳的"阿多"、夜晚的"阿多"风采不一，或嬉水，或撞树，或厮斗，爱大象的你来这里一定不会失望。

3 在阿多公园内，你能清晰感受到残酷的自然法则，这里众多种类的动物面临着被灭亡。当开车进入公园的瞬间，就已经把你带离了繁华多姿的人类世界，最直观的感受生命最初的样子。

艾尔弗雷德港

南非著名度假地

INFO 旅游资讯

✉ 东开晋省东南沿海
📞 046-6241235
🕐 周一至周五 8:30～16:00，周六 9:00～12:00，周日休息

　　艾尔弗雷德港（Port Alfred）原称弗朗西斯港，位于东开普省东南沿海的科维河口，距离伊丽莎白港东面150千米，是一个有名的度假城镇。1820年起为移民和货物进出口岸，后因航道淤塞，港口有一段时间被废弃，但现在已经成为主要的海滨疗养胜地之一。

不懂外语也能HIGH

1 艾尔弗雷德港靠近大海，这个度假城镇的水上活动十分丰富，是水上运动爱好者的天堂。乘皮艇游览小镇是最佳的方式，可领略热带水乡异地风光。这里还有一个皇家高尔夫球场，也是游玩的好地方。

2 这个度假城镇不仅拥有优美的海湾风景，还是一个放松心情的好地方。来到这里，坐在海港旁，静静地吹着海风，沐浴着阳光，也非常的惬意。

杰佛瑞湾

冲浪比赛/美丽海滩

INFO 旅游资讯

✉ 伊丽莎白港西部
📞 042-2932932
🕐 周一至周五 8:30～16:00，周六 9:00～12:00，周日休息
🌐 www.jeffreysbaytourism.org

　　杰佛瑞湾（Jeffreys Bay）位于伊丽莎白港市以西70千米处，是颇受欢迎的海上冲浪度假胜地。这里是一个完美的冲浪小镇，拥有最完美的波浪，是冲浪爱好者的必去之地。每年的7月，这里会举办一些冲浪比赛，平常的冲浪活动也相当丰富。杰佛瑞湾的海滩几乎没有礁石，并以贝壳砂著称。

游遍南非

不懂**外语**也能**HIGH**

如果你是冲浪爱好者，就千万不可错过这里，即使是不冲浪，在这里观看冲浪比赛也是非常有趣的。可以看到会冲浪的游客们在这里大展身手需要注意的是太阳很毒，做好防晒准备。

圣乔治公园

内有南非历史悠久的保龄球俱乐部

圣乔治公园（St. George's Park）建于1860年，是一座占地面积73平方千米的古老公园。公园内有众多的游乐设施，而且风景也非常美丽。南非历史最悠久的保龄球俱乐部就位于此。公园大门侧面还有伊丽莎白港大都会艺术博物馆，展示19世纪和20世纪英国艺术品的英王乔治六世美术馆，其中收藏的文物无论是其艺术还是历史都十分有价值。

INFO 旅游资讯

- ✉ 1 Park Drive
- ☎ 041-562000
- ¥ 博物馆及公园都免费

不懂**外语**也能**HIGH**

1 圣乔治公园虽然具有悠久的历史，但是这里环境和植被等都保护得非常好。公园四周环境清幽，每到周末，这里就是人们聚会的天堂。入口处的艺术博物馆很值得参观，展示的展品都很有艺术价值。

2 公园一侧有战马纪念碑，该纪念碑建立于布尔战争结束后，因 1899 ～ 1902 年有大批战马死于疲劳和饥饿。这座雕塑呈现的是一名男子跪在一匹马面前，手里提着水桶，好似给马喂食，栩栩如生。

183

周边
景点

狂野海岸
尽情嬉戏的乐园

INFO 旅游资讯

✉ 印度洋沿岸，东伦敦到爱德华港沿路地区

狂野海岸（Wild Coast）是从东伦敦到爱德华港沿路350千米的海岸线，群山起伏，悬崖直插海底，风景十分美丽。在这魅力海岸，不仅可以进行游泳、冲浪、垂钓、悬崖弹跳、绳索滑降等运动，还可以展开探险之旅。这里有800多种鱼类畅游海底，潜水时可以尽情与其角逐。除此之外，骑马狩猎也是在狂野海岸狩猎区最受欢迎的项目之一。

South Africa 不懂**外语也能HIGH**

1 狂野海岸上有一座迷人的渔村，位于两座山的山脚处，有很多游客前来钓鱼。来到这里可以沿着摩索湾漫步，或是在凯茅斯周边葱郁的树林里探险，还可在海湾游泳、钓鱼，肯定让你乐不思蜀。

2 在这里游玩的心情不必多说，很多朋友来到这里就不想再走了。来到这里还去可以曲努村庄参观纳尔逊·曼德拉的出生地。

东伦敦
气候温和的河港

INFO 旅游资讯

☎ 043-7211346
🚌 从狂野海岸和伊丽莎白港皆有发往东伦敦的巴士
🌐 www.tourismbuffalocity.co.za

东伦敦（East London）是南非唯一的河港，建于1847年。因位于水牛河入海口，也被称为"水牛城"。这里的水牛河大桥是南非境内唯一的铁路和公交双层桥梁。城内的海事博物馆、安·布莱恩画廊展示着这座城市的综合发展，还有水族馆等展览性质的观光地装点着这座城市的多样性。国际冲浪比赛赛场纳霍恩海滩（Nahoon）也位于这座城市当中。

不懂外语也能HIGH

1 在东伦敦旅行，不仅能领略到这里的河港风光，还能感受到令人着迷的人文历史。有不少优质的海滩在圣诞节时会吸引大批游客和冲浪爱好者前来游玩。

2 东伦敦现存的最古老的地区是西岸村，村口附近有许多有趣的老式建筑，维多利亚时代的胡德角灯塔和格拉摩根堡都坐落在这一带，无论是历史文化还是自然环境，都值得前往参观。

3 东伦敦博物馆展示世界上唯一一枚渡渡鸟蛋以及一条从查鲁姆那河捕获的腔棘鱼。除了珍稀动物外，馆内还展出了有关科萨族文化的优秀展品以及恩古尼人的手工艺展品。

4 东伦敦水族馆建于 1931 年，是南非最早的水族馆。这里展出的淡水及海洋生物有400 多种。每天 11:30 和 15:30 都有海豹表演，表演开始前的半小时是海豹喂食时间，游客可以带着望远镜远观鲸鱼观赏台。

咖啡湾

体验水上运动的好去处

INFO 旅游资讯

📧 狂野海岸，圣约翰斯港西面

咖啡湾（Coffee Bay）位于印度洋海岸，是仅次于圣约翰斯港的超人气部落。据说曾经有一只载满咖啡豆的船只在附近沉没，沉没后的咖啡豆全部洒落在附近的海岸边，故海湾名为咖啡湾。

不懂外语也能HIGH

1 这个海湾之所以被誉为超人气部落，是因为这里到处是高陡的山崖、安静的海滩，景色非常怡人。在咖啡湾可以游泳、冲浪、驾帆船，或是漫步沙滩等。

2 咖啡湾的名字非常有趣，当然这里也有很多的咖啡厅，有露天的、英式风情的、狂野的、安静的。阳光明媚的下午，来到这里喝杯咖啡，沐浴阳光，非常惬意。

奈斯纳

有"非洲瑞士"之称

INFO 旅游资讯

📧 Knysna

奈斯纳（Knysna）位于伊丽莎白港西部，是一个美丽的小城镇，有"非洲瑞士"之称。小镇中有奈斯纳河缓缓流过，景色十分美丽。湖中的沼泽生满芦苇，成为地中海候鸟避冬产卵的过境地，每年春夏交替季节，湖面上可见成群的白面雁鸭与鹈鹕悠游。湖中两座小岛，有桥与陆地相连，岛上湖畔设有如画舫般的小屋，坐在小屋阳台，湖光倒影，雁鸭翔飞，静谧的湖面如诗如画，让人久久不忍离去。

185

珊瑚湖

宁静美丽的海湾

INFO 旅游资讯

✉ Garden Route National Park, Knysna

珊瑚湖（Knysna Rivier）位于伊丽莎白港西部，紧接着波涛汹涌的印度洋，游船驶近海口，人们就可以看到海口那两座挺立的岬角，正是由这两座岬角抵挡住印度洋的风暴和巨涛来袭，珊瑚湖才得以风平浪静，浮光跃金。珊瑚湖的景色非常美，而且湖畔的小镇和码头也颇有特色，漫步在如此幽静的环境和优美的景色中，无论是步行还是驻足远眺，都会感受到轻松和快乐。

South Africa 不懂外语也能HIGH

整个珊瑚湖被一群山脉环抱，从湖滩到山崖建造了许多漂亮的房子，即便是远远地看着也会让人产生想入住的冲动。临近入海口，东西两边伟岸的砂岩峭壁犹如两座守护神保护着这片宁静的港区。如果比较空闲，可以选择在这里住一晚，看看夜景，乘坐游轮观湖游览。

乌姆塔塔

曼德拉的出生地

乌姆塔塔（Umtata）是特兰斯凯地区的中心城市，是欧洲人于1871年在乌姆塔塔河畔创建的城市。市内现代风格的建筑与古老建筑混杂在一起，主要街道为约克街，汇集了商店、事务所、博物馆、旅游中心等，虽然小但设施齐全。这里还是南非第一位黑人总统——曼德拉的出生地。

South Africa 不懂外语也能HIGH

1 在这个南非的小城镇中，游客可以体验到南非特殊的一些习俗，比如成人礼，它大都是在特别建造的棚屋里举行。除此之外，还可以在自然保护区内观赏鸟类以及参加水上活动，或是在度假区内享受非洲特有的滑雪活动。

2 在乌姆塔塔这个小镇中，除了了解风俗习惯之外，可以走进市场深入地了解乌姆塔塔，在这里购买优质的纪念品等。

花园大道

深受游客喜爱的观景大道

INFO 旅游资讯

✉ 18 Eagles Way,
Knysna

在南非南方，沿印度洋岸，有一条深受旅行者喜欢的风景线，从乔治镇到奈斯纳直到伊丽莎白港，全线风光秀丽，佳景处处，加上公路网畅通，因此得以花园大道（The Garden Route）。花园大道与湖泊、山脉、黄金海滩、悬崖峭壁和茂密原始森林丛生的海岸线平行，沿途可见清澈的河流自欧坦尼科与齐齐卡马山脉流入蔚蓝的大海。在内陆部分，有海拔在1000～1700米的奥特尼夸、齐齐卡马山脉横跨东西。越过这个山脉，就是奥茨胡恩等平原地带了，从途中的关口要道眺望连绵群山，景色十分壮美。

South Africa　不懂**外语**也能**HIGH**

1 这里是是南非最著名的风景之一，一年当中都可以在此进行游泳、赛艇、冲浪、帆船、划水，以及高尔夫、网球、骑车旅行等大部分陆上、水上运动。

2 从开普敦出发，到花园大道东行起点 Mossel Bay 约需 6 小时，但走完整个花园大道，安排的行程 4 天左右比较好。花园大道的旺季是 12 月 – 次年 1 月，这个时候，花园大道沿路的住宿比较贵，而且可能住满了游人。雨和雾较多的 8 ～ 10 月是淡季，大多数地方的住宿价格下降，这个时候，不仅能享受优惠的价格，人也比较少，可以将自己完全投入大自然的怀抱。

斑马山国家公园

斑马集聚地

INFO 旅游资讯

✉ R51 Cradock
☎ 012-3392700
🌐 www.sanparks.org

斑马山国家公园（Mountain Zebra National Park）位于伊丽莎白港正北部，于1937年成立，是一种濒临绝种动物海角山斑马的重要保护区。公园中大部分为稀树干草原和非洲灌木高原，初步建成时，公园内只有10匹斑马，但现在这座为了拯救海角山斑马而建立的公园，目前公园内引进了其他兽种，斑马的数量也逐渐增多了。

187

这座公园除了保护快要绝种的海角山斑马之外，还有其他野生动物如各种羚羊等。公园的游玩活动包括远眺卡鲁风景区、狩猎区专车之旅、骑马、赏鸟等。

齐齐卡马国家公园

森林海洋构成的美景

INFO 旅游资讯

📧 伊丽莎白港西约 200 千米处

🚗 从伊丽莎白港出发，沿着N2公路往西

齐齐卡马国家公园（Tsitsikamma National Park）位于印度洋沿岸伊丽莎白港西约200千米，以齐齐卡马山为中心，有100千米长的海岸线。岸边是原始的荒野、奇特岩石的悬崖峭壁和狭长孤立的美丽海滩。公园是一个既有海洋又有森林，保护着沿海暗礁和原始森林。

![South Africa] **不懂外语也能HIGH**

1 齐齐卡马国家公园一年四季都可以前往，是一个徒步旅游和亲近自然的好地方。公园内深深的沟壑、冰冷的河水、雾气弥漫的森林以及曲折的海岸线，所有这些造就了著名的净水之地。

2 茂密的原始森林沿着河谷生长的奇景是公园内的一大特色，有一条徒步游览的小道从暴风雨河开始至自然谷为止，途中穿越海滩、悬崖、荒野和原始森林，有绝美的风景可观赏。公园在日出日落的时候景色美得让人窒息。另外还有一条水中线路为游泳、潜水爱好者所喜爱。

南露脊鲸每年都会离开冰天雪地的南极猎食地，去往气候更温暖的南非，并在那里交配繁殖，因此到了冬季和初春时，南开普敦的海岸便可看到鲸鱼聚集的盛景，鲸鱼与生俱来的力量及优雅的水上特技可让观鲸者一开眼界。

观鲸的最佳地

赫曼努斯

赫曼努斯（Hermanus）位于开普敦南海岸，号称全世界陆上观鲸的最佳地点之一，此处可俯瞰开普敦南海岸的沃克湾。此外，还可选择普列登堡湾、奥歌亚湾以及狂野海岸。尽管这一地区以南露脊鲸闻名，但也不乏其他种，如座头鲸及虎鲸的存在。

厄加勒斯角

厄加勒斯角（Cape Agulhas）位于非洲最南端，是绝佳的观鲸地点。这里非常适合观赏南露脊鲸母鲸与幼鲸玩耍的情景。最多的时候可达50对鲸鱼母子之多，绝对让你不枉此行。迷人的小镇Arniston以及从海岸至Cape Infanta，亦因观鲸活动而闻名。

狂野海岸

狂野海岸（Wild Coast）沿途有无数视野不错的观鲸地点，可以观赏座头鲸、小须鲸及杀人鲸，而且经常能看到南露脊鲸，尤其是在奥歌亚湾。而圣约翰港海滩附近，经常能看到抹香鲸及喙鲸。最值得注意的是，座头鲸于每年5月至7月会向北迁徙，11月至次年1月重返。在这两段时期，游人几乎每天都看到座头鲸，有时甚至在靠北的开普菲德也能看到它们的身影。

观鲸的最佳时间

观鲸的最佳时候是6月到11月间，届时，鲸们栖息到南开普敦海岸边，有些可能会出没于更北的夸祖鲁－纳塔尔省，繁殖高峰期一般在7、8月间，不过9、10月份也能见到不少鲸鱼。

tips **小贴士**

1. 晴朗无风的环境是观鲸的最佳场所。
2. 海岸上观鲸需要双筒望远镜、太阳帽、防晒霜以及足够的耐心。
3. 留意鲸鱼喷出的水柱，因为那通常是鲸鱼出现的第一个特定讯号。
4. 南露脊鲸和其他鲸类不同，它们没有背鳍，只在头上有茧皮或是厚厚的皮块。
5. 如果打算坐船观鲸，一定要选择获得政府核准提供近距离观鲸活动的公司，确保该公司拥有必需的船舶牌照及保险，船长拥有规定的证书及政府颁发的观鲸牌照。上船后保持安静，全程听从指示，以免吓到附近的鲸鱼。

旅游资讯

交通 　　　　　　　　　　进出伊丽莎白港

飞机

　　伊丽莎白港机场（Port Elizabeth Airport）位于市中心以南4千米处，从市中心至机场所需时间大约10分钟，非常方便，所以又称为"十分钟机场"。机场每天都有航班飞往开普敦国际机场、约翰内斯堡国际机场、德班、布隆方丹、东伦敦和乔治。英国航空公司、美国达美航空子公司以及其他航空公司都有定期航线。机场地面提供当地出租车运输，拥有可供选择的停车区和几个租车服务的办事处。

　　地址：Allister Miller Dr,Walmer Port Elizabeth

　　电话：041-5077319

　　网址：www.acsa.co.za

火车

　　伊丽莎白港的铁路交通不是很方便，火车站位于市中心边缘，靠近海港。可乘火车前往布隆方丹、约翰内斯堡和北方各城市。索索罗沙美尔公司经营的过夜列车可以开往约翰内斯堡，行车时间约18个小时，途经布隆方丹，前往开普敦和德班的火车则比较耗费时间。

长途汽车

　　伊丽莎白港的豪华长途汽车可以通往所有的其他世界杯举办城市，从伊丽莎白港开往开普敦所需时间约12个小时，途径东伦敦所需时间约5个小时，到达约翰内斯堡约15个小时。从伊丽莎白港开往德班约15个小时，途径格拉罕镇约2个半小时即可到达。

市内交通

伊丽莎白港市内的主要交通方式是公交、出租车和租车自驾。公交线路遍布整个港区，覆盖主要景区，但是价格比较贵。乘坐出租车非常方便，如果前往郊区，自驾是最好的方式，但是要注意行车安全。

交通信息	
交通工具	**票价**
公交	阿尔戈阿公交公司运营的公交往返于各海滨地区、市中心、圣乔治公园、林克街、格林埃克斯和大桥购物中心。公交时刻表可以在集市广场的车次信息栏获取
出租车	在伊丽莎白港乘坐公交车较贵，但是因考虑伊丽莎白港并不是很大，所以乘坐出租车也是比较方便的。伊丽莎白港的出租车起步价是20兰特，合10兰特/千米，行车等候是100兰特/小时。如果从伊丽莎白港机场乘坐出租车，抵达伊丽莎白港市中心的出租车价格大概是95兰特
租车自驾	在伊丽莎白港，租车自驾非常方便。游客可以租到经济型的各类车型，而且可以异地租车，每天都有固定免费的千米数，超过一定里程数才开始计费。但是驾车时要注意行车安全，在野外驾驶时要避开野生动物保护区，如果遇到动物和行人要停车让他们先行

住宿

伊丽莎白港作为一个港口城市，住宿环境十分雅致。除了市区精致的星级酒店，还可以选择住在海边的自炊式小别墅，而渴望探险的背包客也可以选择公园里的特色露营区，或是在沿路的山林小屋、自住客房、农庄等地居住，都是十分难得的体验。无论你是观光的游客还是探险的背包客在这里都可以找到适合你的住宿。海滨地区还有不少度假村、篷车公园和露营地值得选择。

伊丽莎白港高档酒店				
中文名称	**英文名称**	**地址**	**电话**	**网址**
伊丽莎白港丽笙布鲁酒店	Radisson Blu Hotel, Port Elizabeth	9th Ave, Port Elizabeth	041-5095000	www.radissonblu.com
辛加城酒店	Singa Town Lodge	15 Scarborough Street Port Elizabeth	041-5038500	www.singalodge.com
可湾图私人禁猎区酒店	Kwantu Private Game Reserve	1 Daniel street Sidbury	042-2031400	www.kwantu.co.za
木板路酒店和会议中心	The Boardwalk Hotel and Convention Centre	Port Elizabeth	011-7807800	www.suninternational.com
帕克斯顿酒店	Paxton Hotel	Carnarvon Place, Humerail Port Elizabeth	041-5859655	www.paxton.co.za

伊丽莎白港舒适酒店

中文名称	英文名称	地址	电话	网址
5号精品艺术酒店	No5 Boutique Art Hotel	5 Brighton Road Port Elizabeth	041-5026000	www.no5boutiquearthotel.com
海滩酒店	The Beach Hotel	Marine Dr Port Elizabeth	041-5832161	www.thebeachhotel.co.za
普罗蒂海洋酒店	Protea Hotel Marine	Port Elizabeth	041-5832101	www.proteahotels.com
伊桑哥之门酒店	Isango Gate Boutique Hotel	23 Bournemouth Avenue Port Elizabeth	041-8112225	www.isangogate.co.za
哈克勒伍德希尔乡间酒店	Hacklewood Hill Country House	Port Elizabeth	041-5811300	www.hacklewood.co.za
温德梅尔酒店	The Windermere Hotel	35 Humewood Road Port Elizabeth	041-5822245	www.thewindermere.co.za

伊丽莎白港经济酒店

中文名称	英文名称	地址	电话	网址
柠檬树小巷旅馆	Lemon Tree Lane Guest House	14 Mill Park Road Port Elizabeth	041-3734103	www.lemontreelane.co.za
艾尔伯特旅馆	Albeit Lodge	49 Admiralty Way Port Elizabeth	041-5836415	www.albeitlodge.co.za
38庄园酒店	Manor 38 Hotel	38 Brighton Drive Port Elizabeth	041-5832328	www.manorcollection.co.za
米勒德红新月B&B民宿	Millard Crescent B&B	29 Millard Crescent Port Elizabeth	041-5833979	www.millardcres.co.za
加布拉小屋	Jabula Lodge	Port Elizabeth	021-7621543	www.jabulalodge.co.za
国王酒店	Urban Hip Hotels — Kings	Walmer Port Elizabeth	041-3689626	www.urbanhiphotels.com

美食

　　无论是圣约翰港的华丽龙虾，还是安逸简朴乡村的玉米糊，伊丽莎白港都能满足你的需求，这里的风土美食都反映了其厨师的历史和文化以及他们对烹饪的热爱。加上马来人和印度人的到访，随着当年欧洲移民的迁来，欧洲人也在这里烙下了深深的美食印记，促成了多样融合的烹饪艺术。尤以芳香浓郁的咖喱料理、慢炖拼盘、本土烧烤等非常传统的佳肴最为脍炙人口。

伊丽莎白港必尝美食

Sosaties

这道南非美食是将羊肉或猪肉切成四方块，肉内放入杏仁果，接着用木棍固定住肉块，在户外生火慢烤，肉烤熟后佐以玉米面。有些地区是将羊肋排和百合花以及其他材料放入水中小火慢炖。而用水炖煮各种蔬菜，像番茄、卷心菜、花菜等，属于南非家常菜之一。

Umngqusho

这道菜是将干玉米和豆类混合做成的食物，它的口感和质感甚至可与意大利烩饭相媲美。这道菜在曼德拉的出生地可品尝到最地道的。

伊丽莎白港美食餐厅推荐

1.34' south,Boardwalk

这家熟食店提供各式各样的关于美食的服务。当你在柜台点菜或点各种餐前小吃和海鲜小食时，可以透过玻璃窗看到厨师的制作过程。点完餐后，可以在外面的木制露天平台就餐，氛围非常不错。

地址：Shop 19, Knysna Waterfront Knysna

电话：044-3827331

网址：www.34south.biz

2.The Hedges

这家餐厅的定位和其他服务都比较特殊，在这里品尝美食是极大的享受。餐厅装修别致，氛围很好，干净卫生，这里的华夫饼最受欢迎。

地址：151 Main Road Port Elizabeth

电话：041-5814407

网址：www.thehedges.co.za

3.Old Austria Restaurant

这是一家维多利亚风格的特色餐厅，以澳大利亚菜式为主推菜系，点击率最高的是炸肉排和苹果卷，还有美味的海鲜，包括清蒸平鱼和烤明虾都是非常受欢迎的美食。这里的装修也如菜式一般精致，枝形的吊灯、平滑的木地板和落地大摆钟，都营造出美好的氛围。

地址：24 Westbourne Road Port Elizabeth

电话：041-3730299

网址：www.diningout.co.za

4.Ginger Restaurant

这家被推崇为伊丽莎白港最好的餐厅，时尚的装修、外带的露台和豪华的酒吧、创新的菜肴都让这家餐厅名不虚传。这里经典的菜肴是韭菜烤扇贝和意大利式雪莉酒烩饭，菠萝沙司烤鸭和橙香火焰可丽饼也都成为饭桌上最吸引人的佳肴。

地址：The Beach Hotel,Marine Dr Summerstarnd,Port Elizabeth

电话：041-5831229

网址：www.ginger-restaurant.co.za

营业时间：11:00~15:00,18:00~22:00

5.Silver Cloud Spur

这家餐厅位于伊丽莎白港口附近，餐厅简约大方，主推西式牛排，这里的用餐氛围很安静，除了品尝美食外，还可以遥望港口的美景。

地址：Westway Centre, 349 Cape Road Port Elizabeth

电话：041-3641339

网址：www.spur.co.za

6.Saffron Restaurant

这家餐厅除了有可口的美食外，还配有咖啡、饮品等，下午来这里就餐的游客很多。主餐是荤素搭配的，还有沙拉和薯条。在这里就餐再加上南非特产葡萄酒，那简直是美极了，让你终生难忘。

地址：72 Cannon Street Uitenhage

电话：041-9924267

网址：www.saffronrestaurant.co.za

7.Bonamia Restaurant

这家餐厅位于沃克街购物中心，不仅有高质量的食物，服务也很到位。虽然位于热闹的商场中，但这家餐厅的环境很安静，形成鲜明对比，购物累了，在这喝杯下午茶还是非常惬意的。

地址：Walker Drive Port Elizabeth

电话：041-3600635

8.The Brewmaster

这家餐厅的食物很好很健康，而且很美味。主要是南非的特色菜系，菜的价格也可以承受，服务也是一流的，在这里你可以花上很少的钱吃到一顿饱饱的大餐。

地址：37A 3rd Avenue Port Elizabeth

电话：041-3655319

网址：www.thebrewmasterpe.co.za

购物

伊丽莎白港虽然不大，但是这里同样是购物者们的天堂。这里的商品兼顾品味与实惠，拥有大量特种专营店和古董店。绿树成荫的街道上，商行、私人家园和极具趣味的店铺和谐共存着。每家店铺占地面积虽然很小，但货物种类齐全，非常具有南非特色，这里的纪念品都很精致，值得留作纪念。

购物中心

1.格林埃克斯购物中心

格林埃克斯购物中心（Greenacres Shopping Centre）是伊丽莎白港的一家大型购物中心，这里面的装潢和柜台都设计得十分漂亮，有时尚的服饰、珠宝、电子产品等，还有水吧、休息椅、美食餐厅、咖啡厅等供顾客休闲歇息。重要的是这里的商品价格很合理，服务员都很友好，也很周到。

地址：1 Ring Rd. Port Elizabeth

电话：041-3630791

网址：www.greenacres.co.za

ACA Joe

地址：Port Elizabeth

电话：041-3634848

网址：www.acajoe.co.za

Fairview Office Park

地址：Ring Rd. Port Elizabeth

电话：041-3999551

网址：wilo.co.za

The Atrium Centre

地址：24 Ring Road Port Elizabeth

2.House & Home Greenacres

这家购物中心占地面积虽然不大，但是内部商品琳琅满目。这里有时尚的服装、各种国际品牌、珠宝首饰以及南非本土品牌。商场服务设施完善，有休息椅、咖啡厅等，逛累了，在咖啡厅静静地坐着，也十分惬意。

地址：Ring Road，Shoprite Mall，Shop 17 & 18 Port Elizabeth

电话：041—3965300

网址：www.houseandhome.co.za

3.Mr Price Home Greenacres

这是一家高档的购物中心，那里集中了很多南非本地的品牌和国际上著名的品牌。每年店铺都有打折季，那时是购买这些商品的最佳时间。此外，购物中心附近还有各种咖啡厅、餐厅、电影院、酒吧，是休闲的好去处。

地址：1 Ring Rd Port Elizabeth

电话：041—3634789

网址：www.mrphome.com

娱乐

伊丽莎白港有很多的娱乐项目，这里有趣的夜间娱乐活动主要包括酒吧、午夜音乐演出、戏剧、电影等、各种音乐会、表演、现代音乐剧等经常在伊丽莎白港的各大戏剧院和礼堂及周边城镇上演，这样丰富的娱乐项目活跃了原本寂静的伊丽莎白港。

伊丽莎白港的酒吧推荐			
酒吧场所	地址	电话	特色
Independent Sports Bar	No. 35 Desmond Road Port Elizabeth	084—6576690	酒吧的氛围很好，时常伴有现场音乐表演
Candys Revue Bar	113 Heugh Road Port Elizabeth	041—5813953	酒水种类繁多，饮料很便宜
Tops at Spar	Darling Port Elizabeth	041—4680107	历史悠久的酒吧，氛围很好
Tamz Restaurant And Bar	9 Somerset Street Port Elizabeth	072—8922718	附带餐厅的酒吧，有著名乐队的巡回演出
Gremlins Bar	42 Uitenhage Rd Port Elizabeth	041—4845402	酒吧鸡尾酒的种类繁多
Sweet Hearts Sports Bar	No. 8 Claire Street Port Elizabeth	083—9957711	酒吧内酒水和饮料价格很合理，时常会播放足球赛事

伊丽莎白港的影剧院推荐			
剧院场所	地址	电话	特色
Netcare Greenacres Hospital (Pty) Ltd – Theatre	Netcare Greenacres Hospital, Cnr Rochelle & Cape Road, Greenacres Port Elizabeth	041—3907180	雅致、灯光效果极佳
Life St George's Hospital – Day Theatre	Life St George's Hospital, 40 Park Drive, Centrahil Port Elizabeth	041—3926141	上演美国大片或是南非新上映的剧目
Fairy garden theatre	47 Villiers Road Port Elizabeth	041—5816528	面积小，但效果很好
The Savoy Theatre and Conference Centre	cnr Diaz Road Stirk Road Port Elizabeth	083—4718893	超大影院，有好几个演示厅，都上演不同的电影
Keith Van Eyssen & Associates C C	Old Donkin Hill Post Office, Chapel Street Port Elizabeth	—	以喜剧为主，热闹非凡，很受年轻人欢迎

第六站，德班

德班拥有瑰丽的自然风光和丰富的文化宝藏，到处都洋溢着其独特的魅力，作为世界会议中心的所在地，德班的诸多现代化设施也受到了来自世界各地游客们的追捧。

德班印象

艺术之都

德班这个美丽的城市集风景、艺术、文化于一身，到处弥漫着艺术气息。德班市内剧场生机勃勃，每年都要举行各种各样的演出，包括本土戏剧、音乐剧、舞剧、歌舞剧、讽刺喜剧、百老汇作品、经典歌剧和芭蕾舞等。各种演出精彩纷呈，为这风景迷人的都市增添艺术色彩和人文气息。

文化之都

德班拥有丰富的文化宝藏，从现代艺术画廊到古代岩画艺术，从第一座世界博物馆到奇特的文化村，从爵士乐俱乐部到露天音乐节，从户外烧烤到名厨大餐等等，到处都洋溢着一种由艺术、美食、历史和文化所组成的独特韵味。这些文化在这座都市中绽放迷人的光彩，同时为这座城市增添了不少魅力。

美景之都

德班不仅有宜人的气候、美丽的海滩、国际化的运动项目和多元文化的休闲娱乐活动，还有无与伦比的美景。因其属于亚热带海洋性气候，故气候宜人，植物生长茂盛，四季花果不断，加上海滨风光，使德班成为一个著名的旅游胜地。这里有四季如春的气候、迷人的海滩，还可以观赏印度洋壮观景象，使德班成为各种美景的展览地。

会议之都

阿非利加州的大会办公署和国际会议中心是使德班成为世界会议中心和南非会议之都的主要推动力。这里曾主持举办过一系列重要会议，包括南非经济首脑会议、不结盟运动部长级会议、印达巴会议、第十三届国际艾滋病会议和反对种族歧视国际会议。2002年还在这里召开了非洲联盟首脑会议，并在此会议上成立了非洲联盟。

购物之都

德班作为南非东海岸的首要度假景区，除了迷人的风景外，这里还有无与伦比的购物环境。无论是世界级的大型购物广场还是具有特色的当地集市和街边市场，德班都应有尽有。最著名的有非洲和印度的陶器、传统的手工艺品、各种古董、特色美食，在购物之都德班，能真正地体验到非洲风情。

游在德班

迷你城

小德班

迷你城（Mini Town）又名"小德班"，位于德班北海滩附近，它将德班市内的设施从市政厅、银行、车站、游艇到飞机场，按照非常精确的比例进行缩小做成建筑标识、模型等，建筑物上的标识、名称等都清晰可见，其中飞机、火车还可以移动，游览迷你城就相当于把德班游览遍了。

不懂外语也能HIGH

迷你城顾名思义就是小城的意思，事实上却是德班的缩小版。在这里可以找到德班几乎全部的建筑设计和场所，而且是一模一样的，那些小的模型非常可爱。观赏完迷你城的一切，出来的时候，很多具有德班风格的艺术品在海滩旁边出售，做工非常精美。

INFO 旅游资讯

✉ 114 Snell Parade Durban
☎ 031-3377892
¥ 成人15兰特，儿童10兰特
⏰ 9:30 ~ 16:30

蛇公园

爬行动物聚集地

蛇公园（Snake Park）全称是菲兹斯摩斯蛇公园，这里汇聚了世界各地不同品种的蛇和其他爬行动物，是南非境内最大的爬行类动物馆。园内灯光昏暗，生长着茂密的绿色植被，颇具有热带雨林的感觉。这里每天都有抓蛇表演，每到周末还可能会有喂蛇表演。

INFO 旅游资讯

✉ Snell Parade
☎ 31-3376456
¥ 25兰特，儿童15兰特
⏰ 9:00 ~ 16:30，每天 10:00、11:30、13:00、14:30、15:30 有抓蛇表演

1 园内以玻璃墙面为主，展示着各式各样、大大小小的巨蛇和毒蛇。蛇公园内有不少特色专卖店，可以购买有意思的纪念品。在这里一定要遵守游园规定，不要激怒蛇，不要穿颜色太艳丽的服饰等，这些都可能会触动蛇的敏感点。

2 蛇公园中除了蛇之外，还有鳄鱼，每天举行数次的节目表演，在周末还可以看到蛇捕食的场面。

芙蓉海岸

高尔夫海岸

INFO 旅游资讯

✈ 从德班出发，往南走 N2 高速公路，可到达芙蓉海岸的 Hibberdene

☏ 031-3667500

芙蓉海岸（The hibiscus coast）因海岸上成千上万棵美丽的芙蓉树而闻名，主要景观有谢普斯通港、雪莉海滩、马盖特和爱德华港口等。每年的夏季，沙丁鱼就会开始洄游，平静的海湾热闹起来，前来观赏的游客纷至沓来，都为目睹这一大规模的沙丁鱼迁徙活动。此外，芙蓉海岸同时也被亲切地称为"高尔夫海岸"，这里有7个高尔夫球场。

1 这里有壮美的海岸线，还有亚热带丛林保护区以及幽深的峡谷，游客可以在芙蓉海岸的怀抱中享受丰富的活动。在最好的季节来到芙蓉海岸，如果有幸会看到沙丁鱼洄游，那时鲨鱼、海鸥等都会疯狂加入到这场盛宴当中，十分激烈。

2 芙蓉海岸除了可以观看沙丁鱼洄游之外，附近有很多的商业区，小精品店比比皆是，来到这里千万不可错过小店，购买一些纪念品。

德班植物园

拍摄婚纱照的首选之地

INFO 旅游资讯

✉ 9A John Zikhali Road Durban

☏ 031-3224021

W www.durbanbotanicgardens.co.za

德班植物园（Durban Botanica Garden）坐落于德班市，建立于1849年，是德班市最古老的公共植物园，同时也是非洲最古老的植物园。德班植物园最大的特色就是环境优雅安逸，奇花异草众多，是休憩和放松心情的最佳去处。植物园内有蝴蝶兰、嘉德丽雅兰、万代兰等兰花，五颜六色，色彩缤纷。现在，弥漫着花香的植物园成为当地年轻人拍婚纱照的首选之地。

不懂外语也能HIGH

1 园内的大树高耸入云，环境十分幽静。园中不少小动物以此为家，令整个植物园生机勃勃，即使静坐在这里都感觉十分惬意。

2 园内种植有南非和世界各地的苏铁植物，树干似芭蕉，所以又名凤尾蕉，为园内最具看头的植物。

3 植物园中苍天古树随处可见，种类繁多，共 1300 多棵，其中 900 棵为棕榈树，有的已有上百年的历史，很多都很罕见。植物园内的兰花于 1931 年开始培植，目前数目可达 9000 多株，花开时，煞是好看。

巴特里海滩

德班最迷人的海滩之一

INFO 旅游资讯

🚇 Snell Parade St. 和黄金里程往北走 1 千米即可到达

巴特里海滩（Battery Beach）是德班最迷人的海滩之一，这里不仅有迷人的风景还有许多娱乐活动。其中最吸引人的当属非常有纪念意义的摩西·马比达体育场。在这里，游客们可以参加一些非常有趣的娱乐项目，除此之外海滩北边提供徒步路线和各种探险活动，还有云霄飞车、蹦极等惊险项目。

不懂外语也能HIGH

1 海滩内的体育场顶端可以看到黄金海岸、印度洋、丘陵和 CBD 大厦，丰富的颜色尽收眼底，非常壮观。这里的娱乐项目很多，云霄飞车在高空来回摆动，像蹦极一样充满刺激，需要注意的是保护好自身安全。

2 海滩内的娱乐园也是好去处，这里有自动售货机、电影院、酒吧、主题餐厅等休闲区，这片娱乐社区正对海滩，在此晒日光浴或是到海滨步行道上滑冰都是非常有意思的放松方式。

3 海滩内有一座摩西·马比达体育场，这座体育场是为 2010 年南非世界杯建造的，以反对种族隔离的积极分子摩西·马比达的名字命名纪念。这座形似凯旋门的体育馆内常举办各种娱乐活动，游客可以在场内进行 30 分钟的观光。

库瓦姆尔博物馆

讲解种族隔离史的博物馆

库瓦姆尔博物馆（Kwa Muhle Museum）又称种族隔离博物馆，位于奥德南斯大街路边，是新开放的博物馆，同时也是德班市内旅游的必到之地。馆内设有再现当时黑人生活环境的黑人啤酒馆、黑人住宅等实物展览区，表现黑人生活状况的照片展览区，祖鲁人传统医疗手段的展示区等。

INFO 旅游资讯

✉ 130 Bram Fischer Road Durban
📞 031-3112237
🕐 周一至周六 8:30~16:00，周日 11:00~16:00

South Africa 不懂**外语**也能**HIGH**

在这里可以了解以前黑人的生活和他们所处的生活环境，了解黑人的历史等。如果英文不是很好，可以和附近的导游团一起来，有导游讲解，会更加深刻地了解当时的历史。

杜马祖鲁文化村

感受祖鲁文化的最佳地点之一

杜马祖鲁文化村（Zulu Sangoma at DumaZulu Cultural Village）是南非最传统的祖鲁族村庄之一，祖鲁文化村的串珠、编篮工艺、陶器和纺织也很著名，这些技能都被完好地保存下来。此外祖鲁族精美的工艺品有着非常重要的意义，从形态各异的装饰带，到错综复杂的三角形、之字形以及其他的图案，每一个都有自己的意义。

INFO 旅游资讯

✉ Lot H29, Bushlands Rd, 3960 Hluhluwe,South Africa
📞 035-5622260

South Africa 不懂**外语**也能**HIGH**

1 祖鲁人的文化通过色彩和手艺来表示，非常有意思，他们的衣服或饰品有些只会在婚礼和其他重大礼仪时穿戴出来，他们通过颜色和图案的选择来传达不同的情绪，表示爱、悲伤，能够参与进这个民族的日常生活中是一件非常奇妙的事情。

2 参观这个祖鲁文化村也会让你有机会了解到有关祖鲁食物和啤酒酿习俗，被称为"Inyangas"的祖先和传统的巫医，以及求爱和结婚仪式。

3 在杜马祖鲁文化村，如果被邀请去体验这里最地道的风俗，那就非常幸运了，到时你可以，了解传统的艺术、工艺和祖鲁王国的生活方式。而跟着祖鲁鼓的节奏，品尝当地酿造的啤酒，也是非常棒的体验。

游遍南非

乌沙卡海底世界

复古的水族馆

乌沙卡海底世界（Ushaka Sea World）是世界第五大水族馆，于2004年7月开馆，馆内有32个水族箱，约17500立方米的水。水族馆拥有一个可容纳1200人的海豚馆、一个接触式水池、一个通气暗礁以及一个封闭式场馆。这里的海底世界是鲨鱼的家园，可以看到沙虎鲨、双髻鲨以及当地的猫鲨等，是一个观赏鲨鱼的最佳去处。水族馆中上千种的鱼类和海洋生物都附有介绍，来这里游览一天，不仅有趣还受益匪浅。

INFO 旅游资讯

- 1 King Shaka Avenue,Durban 4001
- 031-3288000
- ¥ 149 兰特，儿童 115 兰特，3 岁以下儿童免费
- 9:00~17:00
- www.ushakamarineworld.co.za

South Africa 不懂外语也能 HIGH

1. 这个水族馆和其他的都不一样，有复古的感觉。里面有各种各样的鱼和海底动物，真的非常奇妙，再配上很多古朴的装饰以及一些教育意义的实物，让人眼界大开。游客们可以行走在玻璃管道中，周围全是狰狞的鲨鱼和可供垂钓的鱼。每个走廊都有不同的主题，在船周围的水池中有整个观赏流程的介绍。

2. 海底世界的外围海滩是免费开放的，这里会定期举办排球赛，还有帆船冲浪活动等众多海滩运动，并有且有 24 小时的安保系统。

维多利亚街头市场

著名淘宝胜地

维多利亚街头市场（Bertha Mkhize）位于丹尼斯赫尔利街和伯莎大街的交叉口，是德班最繁华的淘宝胜地。市场内设170多个摊位，有各种古董、皮革制品、纺织品、铜币和香料，还有不少来自德班东南部的精美商品。市场的二层有各色小吃摊，能找到南非三明治、萨摩萨三角饺等美味小吃。

INFO 旅游资讯

- Denis Hurley St. 和 Bertha Mkhize St. 交叉口
- 周一至周六 6:00~18:00，周日 10:00~16:00

不懂外语也能HIGH

1 商场里有箱包专卖店、唱片店和印度纺织品店等，在这里可以淘到不少有意思的商品，而且非常有民族风韵。

2 在德班街头市场购物别有一番风味，维多利亚街市有廉价的非洲和印度陶器，来自非洲东部和南部的货物在这里以独特而随意的方式进行交易。想真正体验非洲风情，就来这购物天堂吧。

维多利亚海堤大街

面朝大海的繁华商业街

INFO 旅游资讯

✉ Margaret Mncadi Av

维多利亚海堤大街（Vitoria Sea Wall Street）建于1897年，这条大街面朝美丽的海滩，周边被豪华现代的建筑物包围。但是这里有很多值得一去的景点，比如德班俱乐部、威尔森码头和巴特中心等灯红酒绿的休闲饮食区。海堤大街将南非的文化和娱乐恰到好处地融为一体，优美的环境吸引了很多游客来到德班就想到这里游览一番。

不懂外语也能HIGH

1 在维多利亚海堤大街不仅能看到美丽的大海，也可以看到现代的高楼，还有不少美食和小吃在码头边都可以品尝到。

2 威尔森码头是一个可以俯瞰海港的现代化社区，这里有很多咖啡厅可供游客休息，还有鱼市，新鲜的海鲜吸引了不少食客前来这里。纳塔尔海事博物馆可以参观。

3 巴特中心是一个流行艺术中心，有很多酒吧和餐馆，这里还有一个音乐厅，每到傍晚这里就会开始上演高雅的艺术。除了这些，还有不少特色小商店出售精美的祖鲁手工艺品。

周边景点

千山谷

祖鲁文化旅行胜地

千山谷（The Valley of a Thousand Hills）是祖鲁人的家园，丰富的历史、文化，使这里成为一个文化景点。这里节日众多，每年5月份有著名的克姆雷德马拉松比赛，10月份是Amashova循环赛，2月份山谷下湍急的河流是皮艇马拉松参赛者们的试验场地。在此深入探索南非最大的种族之一的文化传统，将使得这次文化之旅更加完美。

INFO 旅游资讯

3 Dunvegan Ave, Dunvegan, Edenvale

031-7771874

South Africa 不懂**外语**也能**HIGH**

1 千山谷大坝和野生动物区都有登山步道，沿途可以看到很多野生动物，比如羚羊、角马、犀牛和长颈鹿。想放松的话，还可以去克卢夫的水疗中心，那里的自然环境也很好，有些水疗中心还有禁猎区。

2 千山谷中有一座清真寺，这里有令人叹为观止的建筑和艺术画廊。千山谷的蒸汽火车在每月的最后一个星期日从克卢夫出发，穿过山谷再返回，途径景色十分优美。

3 峡谷是探险的绝佳去处，这里不仅有清幽的湿地森林，还可以参加跳伞和攀岩项目，而峡谷山地自行车比赛也是多数探险者的首项选择。

tips 小贴士

每年5月，夸祖鲁-纳塔尔爱乐乐团及合唱团都会在花园别墅举办系列音乐会，这个时间段前往的游客可以逃离现代城市生活的喧嚣，放松一下，但是务必记住带上帽子和防晒霜，以免晒伤。

海豚海岸
宽吻海豚出没地

INFO 旅游资讯

✉ 德班北部的乌姆赫兰加和图盖拉河口镇之间

　　海豚海岸（The dolphin coast）位于德班北部，以其温暖的印度洋海水和各种休闲娱乐活动闻名世界。这里又叫糖海岸，因海岸背面有大面积的糖料作物种植园，周边还有许多海边小镇。观鸟、散步、冲浪等一系列户外活动都非常吸引游客。这里还有大量的宽吻海豚出没于此，在这里无论是观看海豚还是其他野生动物，或是打一场高尔夫球都是绝对理想的度假胜地。

South Africa 不懂外语也能 HIGH

1　海豚海岸美丽的海滩、温暖的海水、郁郁葱葱的亚热带风光让游客沉浸其中。垂钓、观鸟、散步、冲浪、打高尔夫球和观赏野生动物使每天都十分充实，还有机会参观沙卡国王部落和纪念馆，了解南非的历史，让这个国度显得更加亲近。

2　夸祖鲁 – 纳塔尔鲨鱼馆是一处转眼就能了解附近海域鲨鱼生活习性的研究所，这里多年研制能保护游客免受鲨鱼攻击的渔网。目前鲨鱼馆负责看管 400 多个防鲨网，保护了近 50 个海滩。游客可以在此观看一段与鲨鱼有关的生物学视频，展厅内还摆放着各种鲨鱼和其他鱼类。

3　远足者可以在次沿着史坦格的 Zinkwazi 美丽小径漫步，如果是自然爱好者，一个原始森林和种类繁多的鸟类王国足以吸引你。

豪伊克瀑布
南非著名的旅游胜地

INFO 旅游资讯

✉ Falls Drive Howick
📞 033–3305305
🕘 9:30 ~ 16:00

　　豪伊克瀑布（Howick Falls）位于距离市区25千米的豪伊克镇，是南非著名的旅游胜地之一。豪伊克瀑布奔腾的河水自90多米高的悬崖绝壁上飞流直泻而下，发出震天巨响，如千人击鼓、万马奔腾，声音远震数里之外，使来此旅游的游人听到感觉惊心动魄。

South Africa 不懂外语也能 HIGH

1　去参观豪伊克瀑布，可以从瞭望台眺望瀑布，那是观赏瀑布的最佳位置。瀑布从悬崖上飞泻而下，直至谷底，有种疑是银河落九天的感觉。

2　游客前往豪伊克瀑布的交通方式之一即坐小巴前往，它停靠在瀑布对面的市场大街上，随时发车，特别方便。

游遍南非

纳塔尔博物馆

南非五大国立博物馆之一

INFO 旅游资讯

237 Jabu Ndlovu Street Pietermaritzburg

033-3451404

www.nmsa.org.za

纳塔尔博物馆（Natal Museum）是南非5大博物馆之一，成立于1905年，拥有100多年的历史。该博物馆的外墙上面粘贴有巨型螳螂和蜘蛛的展品，虽说给人一种特别的感觉，但从馆内展览品的艺术水平来看，它的确是南非国内水平最高的博物馆之一。

South Africa 不懂外语也能 HIGH

1 纳塔尔博物馆分为两层，一层陈列着一些动物标本和昆虫标本。二层展示的是民俗文化，主要有非洲各个部落和开拓者的历史文化展品，以及深度影响当地生活的印度文化。除此之外，馆内还有展示霸王龙的复制品和恐龙化石的恐龙馆，都非常有意思。

2 博物馆中有一间如实地再现了1850年维多利亚时代的城镇模样的展览室，非常值得一看，而且馆中展览品的艺术水平极高，是了解德班及南非文化的极桂地方。

德拉肯斯山公园

植物种类众多的公园

INFO 旅游资讯

Mkhomazi Wilderness area

成人 25 兰特，学生 15 兰特

1 月至次年 3 月 5:00 ~ 19:00，4 月至 9 月 6:00 ~ 18:00

德拉肯斯山公园（Ukhahlamba/Drakensberg Park）又名喀什兰巴公园，自然风光秀丽迷人，动植物种类繁多，有很多濒临灭绝的稀有种类。此外生存在这里的撒恩族人在岩洞里和岩层上留下了无比宝贵的岩画财富，是南非最重要的考古地区之一。

South Africa 不懂外语也能 HIGH

1 在公园游玩，随处可见不知名的动物。不要误认为这里是动物园，但是比动物园中的动物还多。哺乳动物、爬行动物、两栖动物、鱼类、无脊椎动物等应有尽有。这里还有很多美丽的蝴蝶，来到花丛中，蝴蝶围绕期间，甚是美丽。

2 公园内除了动物种类繁多，植物也不例外。这里植物的种类超出了你的想象，公园内有被子植物、裸子植物、蕨类植物、苔藓等。这里还有很多国际濒危物种和国家濒危物种，公园中植物的最大特色是这里的大量物种具有明显的地域特征，而且还有全世界独一无二的植物。

3 德拉肯斯山公园内的岩石艺术是南非最大最集中的岩画群，所刻画的形象生动逼真、栩栩如生，反映了人类社会和自然界的方方面面。

皇家纳塔尔国家公园

适合骑马游览的国家公园

INFO 旅游资讯

✉ Private Bag X1669, Drakensburg
☎ 036-4386310
¥ 25兰特，学生票15兰特
🕐 6:00 ~ 22:00

皇家纳塔尔国家公园（Royal Natal National Park）修建于1916年，是南非最为壮观的山地风景国家公园之一。公园大部分为热带草原，上部为温和热带草原，山谷中分布有大面积的森林，还有大量的羚羊、蹄兔、南非大狒狒和约150种鸟类。其中最壮观的当属宏伟的圆形剧场以及非洲落差最大的图盖拉瀑布（Tugela Fall）。来到这里游客可以选择徒步或是骑马，游览这公园美丽的。

South Africa 不懂**外语**也能**HIGH**

1 皇家纳塔尔国公园壮美的景色需要用心去感受。当图盖拉瀑布从山顶一泻而下时，非常震撼人心，而且水质非常干净，可以直接饮用。

2 在图盖拉瀑布区有两条徒步游览的道路，第一条是位于瀑布底端名叫"图盖拉乔治步道"，该步道一直延伸至山脉之中，到达阶梯墙。第二条步道则可以带你到达图盖拉瀑布形成的悬崖之上。

大圣卢西亚湿地公园

世界自然遗产

INFO 旅游资讯

✉ Mapelane KwaZulu-Natal
☎ 035-5901633
¥ 免费，观光船100兰特
🌐 www.isimangaliso.com

大圣卢西亚湿地公园（The Greater St.Lucia Wetland Park）位于南非东海岸，处在海平面和474米海拔之间，总面积约2400平方千米，由一个沿海平原和大陆架组成。圣卢西亚湿地公园因地形、湿度和土壤条件的不同，形成各种不同的植被群落，森林、灌木丛、林地、草地和湿地交错分布，展示着大自然的"镶嵌艺术"。于1999年被联合国教科文组织列为"世界自然遗产"名列。

South Africa 不懂**外语**也能**HIGH**

1 圣卢西亚湿地公园是南非最美的地方之一，园内的植物种类繁多，林地由阔叶林、阿拉伯树胶林、河边树林、榄仁树和马钱子混合林以及灌木构成，朝海的沙丘上是一些不易排水的变形土，生长着小型叶、阔叶混合林及灌木丛，浓密的灌木丛和盘旋交错的藤蔓是这里的主要特色。

2 迄今为止，卢西亚湿地公园圣的昆虫种类还没有完全被人类获知，但就掌握的资料来看，绝对是一个丰富多彩的大千世界。196种蝴蝶、52种蜻蜓、139种金龟子科甲虫，41种陆生蜗牛等，其种类之巨，令人叹为观止。据纪录，这里共有43种硬珊瑚虫，10种软珊瑚虫、珊瑚礁也因其特有的保护和科学坐标颇受人们青睐。

交通

飞机

　　沙卡国王国际机场（King Shaka International Airport）距离市中心35千米，是南非南部城市德班最主要的国际机场，它取代了德班国际机场的功能，并沿用了原德班国际机场的IATA代码DUR。机场设施齐全，同时它也成为南非航空业最主要的机场之一，与开普敦国际机场和约翰内斯堡的奥利弗·坦博国际机场共同构成了"金三角"，三者之间共有7条航线。机场有往返于非洲其他主要城市的航班。但除了阿联酋航空公司有航班到这里，其他国际航班相对较少，大多数人会选择在约翰内斯堡转机。

沙卡国王国际机场信息		
地址	King Shaka Dr La Mercy South Africa	
电话	032—4366758	
交通	国际机场班车	去往德班市中心的单程车票为70兰特。上车即可购票，每30分钟一班车，可到德班市中心的所有酒店、海滨地区、德班CBD的中心车站及乌兰家的门户购物中心
	其他巴士公司	到达大厅的问讯处提供班车服务。去德班市中心280兰特，每班车可乘坐1~4名乘客
	Margate Mini Coach	在航站楼外设有站点。提供去南部海岸的客运服务
网址	www.acsa.co.za	

火车

　　德班火车站位于德班市中央商务区北部，德班的铁路运输网较发达，从中央火车站发出的火车主要线路是开普敦到德班、布隆方丹到德班，同时也是捷运铁路的起始站。

　　地址：Durban 4025

　　电话：012—3158242

长途汽车

德班的长途汽车站位于德班港附近，汽车站有抵达各目的地城镇的汽车。从开普敦出发，路上会经过布隆方丹和干旱少雨的南非台地高原上，看到广袤迷人的非洲天空和自然景观，也可以在路途中游览青山绿水和森林海景。

市内交通

德班市内有公交车和出租车等交通工具，其中最为方便的是公交车。德班公交枢纽站和公共汽车可以覆盖全城。

交通信息		
交通工具	**票价**	**概况**
公交车	4兰特	公交来往于商业路与购物中心对面的市中心终点站、海滨地区、伯利亚和莫宁赛德，乘坐这种车从郊区和市中心南北边进城非常方便
出租车	起步价是10兰特，每千米7兰特	德班的出租车需要提前预约车辆，可以请的服务人员的酒店入住帮忙预约出租车接送。出租车对于游客来说比较方便，出租车公司通常24小时营业，行车等候时间是100兰特/小时

住宿

德班是南非著名的度假胜地，住宿地从豪华的五星级酒店到适合徒步旅行的露营地应有尽有。旅游景点周边同样可以找到度假酒店、沙滩酒店等。这里还有一些家庭式旅馆，相对比较经济实惠。德班高档的住宿酒店通常作为会议中心，舒适的环境使这样的住处也相对较贵。对于重在观赏景点的游客而言，选择价格合理的青年旅舍和B&B住宿酒店也是相当不错的。总之这里就像一个完美的旅客之家，可以挑选各种合适的住宿地。

德班高档酒店				
中文名称	**英文名称**	**地址**	**电话**	**网址**
德班希尔顿酒店	Hilton Durban Hotel	12—14 Walnut Road Durban	031—3368100	www.placeshilton.com
牡蛎盒子酒店	The Oyster Box	2 Lighthouse Road Durban	031—5612233	—
皇家酒店	The Royal Hotel	267 Anton Lembede Street Durban	031—3336000	www.theroyal.co.za
费尔蒙特辛柏利酒店	Fairmont Zimbali Lodge	5 Corkwood Dr, Zimbali Estate, Umhlali Zimbali	032—5385000	www.fairmont.com
卡尼兰兹海滩俱乐部酒店	Canelands Beach Club	Salt Rock	032—5252300	www.thecanelands.co.za

德班舒适酒店

中文名称	英文名称	地址	电话	网址
宜容格尼·玛哈拉尼酒店	Southern Sun Elangeni & Maharani	63 Snell Parade Durban	031—3621300	www.tsogosunhotels.com
贝尔摩拉尔酒店	Balmoral Hotel	125 O R Tambo Parade Durban	031—3688220	www.raya—hotels.com
阔特佛罗里达州路酒店	Quarters Hotel Florida Road	101 Florida Road, Morningside Berea	031—3035246	www.quarters.co.za
埃文代尔路考特酒店	Quarters Hotel Avondale Road	335 Avondale Rd. Durban	031—3035246	www.quarters.co.za
威尼斯圣詹姆斯酒店	St James on Venice	100 Venice Road Durban	031—3129488	www.stjamesonvenice.co.za
玛卡朗轧花园旅舍	Makaranga Garden Lodge	1 Igwababa Road Kloof Durban	031—7646616	www.makaranga.com

德班经济酒店

中文名称	英文名称	地址	电话	网址
精品景观水疗度假酒店	The View Boutique Hotel & SPA	9 Hillside Rd, Kingsburgh Amanzimtoti	031—9031556	www.hoteltheview.com
64戈登酒店	Hotel 64 on Gordon	64 Gordon Road Berea	011—0280882	www.hotel64ongordon.co.za
三城滨江水疗酒店	Three Cities Riverside Hotel and SPA	10 Kenneth Kaunda Road Durban North, Durban	031—5630600	www.riversidehotel.co.za
马斯格雷夫海岛酒店	Coastlands Musgrave Hotel	315—319 Peter Mokaba Ridge Durban	031—2718291	—
秘密酒店	Secret Spot	Main Rd Dolphin Coast	073—5629278	—
乡村酒店	Shapes of Africa Rustic Stayover	4 Bond St Mount Moreland, Durban	082—4325513	www.shapesofafrica.co.za

美食

　　悠闲而有节奏是德班独有的魅力，其独特的韵味和生活方式突现了其文化的多元性，这一特点在德班的饮食文化中尤为明显。德班美食既有传统地道的烤肉，还有印度美食、兔肉酱以及令人垂涎的祖鲁菜肴等南非特色美食，这些美食使你在德班旅行选择更加丰富。

211

德班美食胜地

1.海边餐厅

维多利亚大堤的旋转餐厅堪称是德班最壮观的建筑之一。它每小时旋转360°，可以在用餐的时候观赏周边的美景。德班海滩散步场的餐馆不仅时尚，而且装修都别具特色，吸引了大量游客。海边餐馆提供各类食品，包括各种海味、沙拉、汉堡、比萨饼等，是度假的理想选择。对于对大海情有独钟的游客，港口还有许多餐馆，可以近观海上过往船只。这里菜肴也很丰富，有各种海味、家禽和肉类，同时还伴随着轻松愉快的音乐。

2.野外餐厅

在德班，野外餐馆也很受欢迎，让人可以边欣赏美景边享用美味的午餐。如果对美食追求品质比较高的游客可以去伯利亚的餐馆品尝一番，锡尔弗顿路上有很多快餐店和高级餐厅。在著名的伯利亚公园星期六早市上，不仅能买到称心如意的商品还可以品尝到美味的外卖美食。

3. 购物中心美食

盖特韦是德班最大的购物中心，同时这里的美食也很出名。购物中心坐落在棕榈林荫大道上，是外出就餐的好去处。标准的连锁餐厅提供普通实惠的饭菜。在这里还可以品尝到各式美食，如日本寿司、可口的意大利佳肴等。

4. 异国风味小吃街

在德班的市区、郊区可以尝到世界不同风味的食品，在佛罗里达路上就有许多葡萄牙、泰国等国的风味餐馆和快餐店，从咖喱凤梨到沃里克三角洲的炸鸡再到植物园的松脆饼，众多美味让你一饱口福。

德班美食餐厅推荐

1.Jewel of India

这家舒适且充满异域风情的餐厅主打北印度菜，并且做得十分地道。这里的每一道菜都是现做的，服务员会为你推荐当日点击率最高的美食。坐在舒适的矮桌旁的垫子上，在这十分有氛围的环境下享受出色的咖喱大餐也是非常棒的体验。

地址：63 Snell Parade Durban

电话：031-3378168

2.Cargo Hold

Cargo Hold餐厅是一家位于幽灵船中的特色餐厅，整个幽灵船的三层都是这家餐厅。这里十分适合家庭用餐，来此就餐的食客可以透过大玻璃窗欣赏鲨鱼。餐厅以美味的海鲜、牛排、沙拉和地中海的开胃菜为主要特色。因餐厅特色的就餐环境吸引了不少人前来就餐，所以需要提前预订座位。

地址：1 Bell Street Shaka Marine World, King Shaka Avenue Durban

电话：031-3288065

3.Ile Maurice

这家主打法餐的高雅餐厅，不仅烹饪精致的海鲜餐点，还有最地道的法式大餐。Ile

Maurice餐厅的牛排和鱼是经常光顾这里的顾客最喜欢的美食。精致的装潢为你的法式大餐蒙上了一层浪漫的面纱。

地址：9 McCausland Cresent, Umhlanga Rock, Durban

电话：031-5617609

4.Moyo

Moyo是家美食连锁店，在约翰内斯堡等大城市都有分店。在德班乌沙卡海底乐园码头享受美丽的海洋风光时，同时可以品尝到这里供应的非洲菜肴，有摩洛哥的泰琼锅羊肉，莫桑比克的咖喱大餐，还有堪称一绝的南非传统三角铁锅炖菜（Potjieko）。另外餐厅还有现场音乐表演和科萨人脸绘，氛围十分独特。

地址：1 Bell St., uShaka Marine World, Point Durban

电话：031-3320606

网址：www.moyo.co.za

5.Bud's on the Bay

这家建在水边的餐厅十分有意思，伸手可触停靠在岸边的游艇。餐厅一楼是较为正式的就餐地，主打海鲜大餐，也可以在店外的露天平台就餐。傍晚还可以在餐厅二楼的酒吧品一杯美酒，点一篮鱿鱼，欣赏忙碌的渔港。

地址：30 Grunter Gully Street, Bayhead Road, Durban Harbour

电话：031-4666100

网址：www.shak.co.za

6.Bean Bag Bohemia

这是一家带有酒吧和咖啡厅的时尚餐厅，坐落在一栋1895年的两层楼老房子里。这里的菜以地中海风味为主，不仅有餐前小点心拼盘，还有意大利面、牛排以及各种亚洲小餐点。餐厅酒吧会营业到很晚。

地址：18 Windermere Road Durban

电话：031-3096019

7.Quo Restaurant

这家餐厅在南非小有名气，很多食客喜欢选择在这家餐厅的小院子里就餐，可以在大树下或喷泉边享受美食。这里的面食让人十分惊喜，烹饪得十分有特色，而最令人耳目一新的是芒果冰，小甜点也以其清新的口感捕获人心。

地址：Gillitts Shopping Centre Gillitts, Durban

电话：082-3207906

8.9th Avenue Bistro

这是家非常高档的餐厅，厨师Carly会以其独特的烹饪方式做出创意新鲜菜肴，每一道菜品尝起来觉得十分特别且充满格调。这里的烤鸭配上橘子和肉桂沙司是美食家们最喜欢的。

地址：Shop 2 Avonmore centre, Ninth avenue, Morningside Durban

电话：031-3129134

网址：www.9thavenuebistro.co.za

购物

作为南非东海岸的著名度假区，德班不仅有宜人的气候、美丽的海滩、国际化的运动项目和多元文化的休闲娱乐活动，还有无与伦比的购物环境。在这里的特色跳蚤市场上可以买到廉价的商品、精美的艺术品，还可以品尝到美味的自制小吃等。除此之外，大型的综合购物中心也因打折季吸引很多购物达人前往。无论是世界级的大购物广场还是特色的当地集市和街边市场，从盖特韦到阿弗利加都应有尽有。

跳蚤市场

在德班有几个很有特色的跳蚤市场，其中最主要的是北海滩的阶梯剧场和市展览中心，每周日开放，可吸引众多游客。来德班不逛逛"金色里程街"是一大遗憾，它位于非洲最美丽的海滩上，风景秀丽，在这里商贩以极低的价格出售各种古董，可以买到很多便宜东西。

1.伯利亚埃森跳蚤市场

伯利亚埃森跳蚤市场（Berea Essen flea market）出售精美的艺术品、美味的自制小吃和其他商品，每周六都会开放。

2.Victoria Street Market

Victoria Street Market是一家大型市集，这里聚集了很多小商铺，主要以美食和服饰为主，还有不少南非特色首饰、纪念品商铺，色彩斑斓的纪念品和各式各样令人难以割舍的南非美食，让人忍不住逛了一遍又一遍。而在这里无论是购物还是品尝美食在南非都是一种独特的享受。

地址：Corner of Queen and Victoria Streets, Durban, South Africa

电话：031-3064021

购物中心

1.Workshop购物中心

Workshop购物中心是南非较有名的购物中心，是德班购物的主要聚集地，位于商业中心地区。这家购物中心设计风格具有明显的维多利亚式建筑风格，外面保持了德班原来的火车整备厂的外形，代表了德班早期的建筑风格。这里离城市礼堂、中心邮局、Tourist Junction和德班展览中心都很近。

电话：031-3064244

网址：www.workshopcentre.com

营业时间：周一至周六9:00～17:00，周日、公共假日10:00～16:00

2.盖特韦购物中心

盖特韦购物中心（Gateway Shopping Mall）坐落在乌姆琅加市中心，这座购物中心集购物、娱乐和休闲为一体，包括各种品牌专卖店、饭店，更有18个特色影院放映各种电影，以及吸引人的巴尼亚晚间剧院和非洲精美的工艺品市场。盖特韦是德班主要的珠宝零售点，也是南非最大的购物中心之一。这里除了购物，还为酷爱运动的游客准备了溜冰板、自行车越野赛道、攀岩、海浪池等娱乐运动设施。

地址：Palm Boulevard,Ground Floor-Shop G133,Durban

电话：031-3172805

网址：www.montblanc.com

3.大亭子购物中心

大亭子购物中心（Grand Pavilion Mall）是德班市郊较有特色的一家购物中

心，坐落在维斯特维尔起伏的山冈上，成为德班一道亮丽的风景。其多层次的建筑体现了维多利亚时代的典雅建筑风格，巨大的有金属和玻璃构件的屋顶在方圆几千米外格外显眼，内部使用漂亮的大理石材料建成。每个月都有上百万的游客来此休闲购物。

地址：9 Harry Gwala Road,Durban

电话：031-2650558

娱乐

在德班这个美丽的城市旅行，除了去各个旅游景点参观外，还可以去动物园看精彩的表演，去剧场欣赏歌舞和音乐剧，去酒吧舞厅狂欢，也可以去电影院看一场经典的电影等。在德班，娱乐生活可以和白天的景点一样，丰富多彩，具有活力。

德班的娱乐形式	
中文名称	英文名称
音乐之都	古典音乐在德班极为流行。交响乐管弦乐队常年与国际明星、音乐家、乐队联袂举办音乐会，时常还会举办户外音乐会。除此之外，音乐剧和歌舞表演也是一种很受欢迎的娱乐方式，从大剧院到晚间小剧场的表演，种类不一
戏剧之都	伊丽莎白斯内登剧院、庭院剧院、夸苏卡剧院、阿育王剧院和新卡塔利娜剧院见证了德班戏剧的繁荣景象。在如盖特韦的巴尼亚剧院和德班北部的蓝古斯汀剧院，也经常上演歌舞和音乐剧
歌舞之都	德班拥有Fantastic Flying Fish Dance Company和Siwele Sonke Dance Theatre两个出色且成功的舞蹈团，而且是德班最大的舞蹈团，在表演古典芭蕾和现代舞方面的表演技术已达到世界一流水平
黄金海岸	黄金海岸上有非常多的娱乐设施，除了灯红酒绿的酒吧之外，这一带海滩的海浪很高，有很多冲浪爱好者和钓鱼爱好者在这里活动

德班娱乐地推荐			
名称	地址	电话	类型
Jazzy Rainbow	93，Morningside,Goble St.	031-3038398	现场音乐
Butcher Boys	170 Florida Road Berea	031-3128248	酒吧
Playhouse Company	29 Anton Lembede Street Durban	031-3699555	剧场
Blue Bottles	3 Point Road Durban	031-3322787	现场音乐
BAT CAFE	45，Small Craft Harbour,BAT Centre，Marine Square Durban	031-3320451	酒吧
Elizabeth Sneddon	South Ridge Durban	031-2602296	剧院

215

第七站，太阳城

太阳城是南非著名的旅游胜地，这里有人造海滩浴场、人造地震桥、高尔夫球场和美丽的人工湖，其靓丽的景色和独特的魅力令前来观光的人流连忘返。

太阳城印象

世外桃源

太阳城是一个隐藏着神秘、令人充满幻想的世外桃源。这个南非著名的旅游胜地，连续举办过5届的世界小姐选举，这里有创意独特的人造海滩浴场、惟妙惟肖的人造地震桥、优美的高尔夫球场和人工湖。世外桃源般的太阳城，其美丽的景色和独特的魅力令前来观光的人流连忘返。

魅力之城

美国拉斯维加斯在贫瘠的沙漠中，成为扬名国际的娱乐之城，而位于南非的太阳城，同样也以豪华而完整的设备及浑然天成的自然美景，吸引了世人的目光，几乎是所有到南非旅游的观光客都不会错过的好地方。在南非，太阳城就是娱乐、美食、舒适、浪漫加上惊奇的同义字，很少人能摆脱他的迷人魅力。

豪华之城

太阳城是南非亿万富翁梭尔·科斯纳在非洲丛林内，建造的一个如美国拉斯维加斯般的豪华城堡。它的外观的建筑设计与雕刻，充满非洲粗犷与迷幻的风格，很多地方用野生动物作为题材，客房内家具上的浮雕，均以各种动物造型显示非洲的独特风情，小至文具铅笔等小物件，没有一样不尽现非洲风格。

娱乐之城

在太阳城这座娱乐城堡里，可以到人造海去游泳、冲浪、滑水梯等。这里有5条各种坡度的滑水梯，沿水势而下，有的藏于山岩之间，宛若地下急湍水道，能切身体验刺激的快感。如果不喜欢游泳，可以去打高尔夫球，在世界级的高尔夫球场，感受一下与世界高手同场打球的滋味，或是到最刺激的时光之桥，体验山崩地裂的恐怖地震和火山爆发的感觉。在这娱乐之城内，你能想到的娱乐活动，这里都会有。

游在太阳城

太阳城

非洲著名度假胜地

INFO 旅游资讯

✉ Sun City,South Africa
📞 014-5575840
¥ 无须门票
🕐 全天开放

太阳城（Sun City）位于南非西北省，三面环山，金碧辉煌的建筑点缀在苍翠的热带雨林中，小动物们在林中自由自在地嬉戏，宛如一座和谐美好的人间天堂。这里集豪华酒店、高尔夫球场、水上乐园、骑马场和多种多样的室内休闲娱乐为一体，为人们的假日生活提供了舒适而丰富的享受，到处充满的阳光和热情，使太阳城成为非洲最著名的度假胜地之一。

South Africa 不懂外语也能 HIGH

1 太阳城被誉为南非最漂亮的人工观光胜地，不论南非本地人还是外国游人，到南非都一定要参观太阳城。这里不仅仅因为有设备先进的娱乐设施和超豪华酒店，更因为它是建立在一片荒芜之地上的一个梦想，类似于美国的拉斯维加斯。

2 在南非，太阳城就是娱乐、美食、舒适、浪漫加上惊奇的同义字，很少人能摆脱他的迷人魅力。这里有创意独特的人造海滩浴场、惟妙惟肖的人造地震桥、优美的高尔夫球场和人工湖如果有兴趣，你可以一项一项地去体验。

波涛谷

体验水上运动的好地方

INFO 旅游资讯

✉ Sun City 0316
¥ 成人60兰特，儿童35兰特，3岁以下儿童免票
🕐 夏季9:00~18:00，冬季10:00~17:00，5-6月关闭维修

波涛谷（Valley of Waves）是太阳城内最吸引人的主题乐园。波涛谷的中心是占地6500平方米的波涛泳池，周围以棕榈树、沙滩、草顶凉亭和躺椅营造出一派热带海滨风光。这里有冲浪、日光浴、水上滑梯、懒人河等娱乐项目，是游人们休闲娱乐的好地方。

不懂**外语**也能HIGH

1 波涛谷的冲浪很刺激，液压造波系统可以平均 90 秒制造出一次 1.8 米高的大浪，还能在无浪状态下在水面制造出奇妙的钻石花纹。

2 如果想要寻求更加刺激的娱乐项目，那就去试试水滑梯。水上乐园共有 5 处水滑梯，其中最为惊险的是勇气神庙，滑梯全长 70 米，其中 17 米的管道几乎与地面垂直。从滑梯上下来，不仅需要勇气更需要胆识，但更要需要注意安全。

3 懒人河是波涛谷乐园最悠闲的项目，游客可以坐在救生圈上顺流漂荡，时而漂过小桥，时而潜入地下，还可以随时登陆民俗村休息一下。

皇宫酒店
带有皇家气质的高档酒店

INFO 旅游资讯

Sun City Resort off the R556, North West Province, Sun City 0316

011-7807810

¥ 80兰特

www.suninternational.com

　　皇宫酒店是太阳城内超五星级豪华酒店，也是太阳城的标识。皇宫酒店外形似一座富丽堂皇的城堡，高踞在太阳城中心的制高点上，墙体上布满了奢华繁复的浮雕。所有地毯等织物也均为特制，图案大多为草原上的动植物。这些装饰不仅显示了南非的独特风情，同时也给人带来一种古国君主的威严感。

不懂**外语**也能HIGH

1 皇宫酒店虽然经历了 20 多年的岁月光景，其硬件设施相比于一些年轻的高级酒店略显落后，但其奢华的建筑和唯美的风景，使它始终拥有着迷人的魅力。这里的早餐非常不错，下午茶的餐具也很漂亮。皇家御用的茶具，精致的糕点，还有现场钢琴伴奏，此情此景，甚是惬意。

2 皇宫酒店的建筑风格很独特，适合慢慢品味，来到这里一定要到最高层，不然看不到整个太阳城，就尤其可惜了。下午茶景致味美，适合细细品，皇宫酒店最高的塔楼是国王塔楼，同时也是太阳城的制高点。站在塔楼上，整个太阳城的风光一览无遗。

时光之桥
连接大山与城门的桥梁

INFO 旅游资讯

冬季 10:00 ~ 17:00，夏季 9:00 ~ 18:00

　　时光之桥（The Bridge of Time）是一座长约100米的人行桥，连接着娱乐中心和波涛谷。桥的一端是大山，岩壁上雕琢出雄狮、大象、猴子等动物，另一端是两扇城门，在地震的威力和岁月的侵蚀下显得残破不堪。桥两边6对大象威严肃立，彰显了南非的特点。每到整时，桥上都会烟雾弥漫，巨大的轰鸣伴随着一阵阵颤抖，仿佛地震又再次爆发。

不懂外语也能HIGH

1 每到整点，桥上发出巨大的响声是时光之桥最大的特色，给桥上的人造成类似山崩地裂的恐怖感，像是火山要迸发了，又像是地震已经开始了。据说这个桥的设计者的初衷就是希望人们通过感受这些，体会到很多美好的东西就是被这些大自然的灾害吞噬的，让人们通过切身体会，真正开始珍惜眼前的美好！

2 时光之桥是摄影者拍照的好地方，这里是比较能体现非洲特色的地方，虽让历经岁月的侵蚀略显沧桑，但不失当年的雄伟壮观。傍晚夕阳落下的时候，在这里拍出的照片是最有意境的。

非洲之傲

一辆神奇的列车

INFO 旅游资讯

✉ The Old Loco Shed, Paul Kruger Street, Capital Park, Pretoria

🌐 www.rovos.com

　　非洲之傲列车（Rovos Rail）成立于1989年，作为真正的世界顶级旅游体验方式之一，一直以来获得了众多国际声誉，曾被美国《国家地理》杂志评为世界十大豪华列车之一，该列车的车厢都是经过能工巧匠之手复原古典列车风貌的珍藏级车厢。乘坐这趟列车，可以以五星级奢华的方式来享受美食美酒还有车窗外令人难以忘怀的非洲景色。来到南非，一定要乘坐非洲之傲来体验神奇梦幻的非洲之旅。

不懂外语也能HIGH

1 非洲之傲列车将非洲一些最无与伦比的旅游目的地连接在一起，好望角、南非野生动物天堂、维多利亚大瀑布、纳米比亚沙漠、无垠的甘蔗田、花园大道等著名景点都可以游览到，沿途景色秀美或荒凉无边或葱葱郁郁，让人惊叹不已。

2 非洲之傲列车拥有引以为豪的私家火车站——首都公园私家车站，非洲之傲列车就从这个高贵优雅且具有历史意义的私家车站发车，开始一段令人终生难忘的奢华旅程，这里也是这个私营铁路公司的心脏以及总部所在地。

失落之城

摩尔风格建筑

失落之城（Palace of the Lost City）建于1992年，是一座摩尔风格建筑，高耸的圆顶塔楼上环绕着欢腾的羚羊，环岛的人造潟湖和细软的沙滩遍布四周。这里有高尔夫球场、海滩浴场、水上球场等娱乐项目，其中高尔夫球场的13号球洞的障碍里有鳄鱼出没。这座城因人工热带雨林而吸引大量鸟类居于此地。

INFO 旅游资讯

🚋 在太阳城入口有单轨电车，各个酒店之间有频繁的公交车可到达此地

¥ 波浪谷100兰特，儿童50兰特，3岁以下儿童免费

South Africa 不懂外语也能 HIGH

1. 这里的一草一木都十分令人惊艳，丰富的娱乐设施会让人流连忘返，仿佛置身于纸醉金迷的奢华世界中。高尔夫球、波浪谷冲浪以及细软沙滩上的漫步都会令你享受最高宗旨的度假体验。

2. 失落之城是一个热带雨林休闲区，这里最初是由160万棵幼苗、树木和灌木构成，热带雨林则包括三层。休闲区内有多条步行道可供徒步爱好者步行。由于这里因丰富的植物吸引了大量的鸟类，位于人造森林中的人们会恍如身在度假区外的野生环境里。

民俗文化村

展示部落文化的博物馆

INFO 旅游资讯

✉ Portion 198 Of Farm no 493, Lanseria 1748

📞 012-2051394

民俗文化村（Lesedi Cultural Village）是一座全面展示非洲部落文化的露天博物馆。民俗文化村的"村民"会以歌舞迎接贵宾，8座小屋分别按照不同部落传统建造和装饰，通过这些实物和讲解，游客可以真切理解非洲各部落的文化差异。

South Africa 不懂外语也能 HIGH

1. 这个太阳城内的民俗文化村，每天都有表演，来到这里可以了解一些民族文化与风情，很有地方的特色，民俗村的黑人手鼓舞蹈让你真正感受非洲文化。晚餐也是黑人的传统饮食，很值得一试。

2. 这个民俗文化村到处都有古老的历史建筑，传统的装饰和淳朴的民风。来到这里不仅可以了解到民俗特色，还可以观看歌舞表演。

勒斯滕堡

休息的城镇

INFO 旅游资讯

✉ 南非西北省，邻近马格雷斯堡

在荷兰语中，勒斯滕堡（Rustenburg）意为"休息的城镇"，它建于1850年，是一座移民建立的城市，位于约翰内斯堡120千米的西北，是一个富庶而又有包容性的城市。这个城市现在是南非农业、矿产和旅游重镇，盛产柑橘类水果、烟草、花生、葵花籽、玉米和小麦等。

South Africa 不懂**外语**也能**HIGH**

1 勒斯滕堡是一个名副其实的"休息的城镇"，这里非常适合度假，可以让人慢慢地静下来，享受南非特有的宁静，远离大城市的喧嚣。这里离太阳城很近，可以在去太阳城的路上来这里参观一番。

2 在城市的东北部还坐落着一座垦荒者的农场，里面保留有垦荒者的房屋和农场等。庭院中至今还保存着垦荒者刚开始垦荒时建造的屋舍，是一个了解垦荒者过去的地方。

3 这个小镇中还有一处水上乐园，在太阳城过夜的游客可以免费进入。城市南部还有勒斯滕堡自然保护区，在这里可以观赏到各种珍稀动植物，包括羚羊、豺狼和猎豹等。

匹林斯堡国家公园

可以看到"非洲五霸"

匹林斯堡国家公园（Pilanesberg National Park）位于太阳城附近，是来到太阳城就不得不去的国家公园。它是南非第四大国家公园，建立在火山口喷出的熔岩形成的土地上，是人工建成的自然公园，进入公园后，可以看到著名的"非洲五霸"——大象、狮子、猎豹、非洲水牛和犀牛。即使见不到这些大型动物，活泼的羚羊、沉默的角马、优雅的长颈鹿、成群结队的斑马也会让你觉得不虚此行。

INFO 旅游资讯

✉ Pilanesberg National Park, Rustenburg
☎ 014-5551000
¥ 成人65兰特，老年人和儿童20兰特，每辆车20兰特
🕐 3～4月6:00~18:30，5～9月6:30~18:00，9-10月6:00~18:30，11月至次年2月5:30~19:00
🌐 www.pilanesbergnationalpark.org

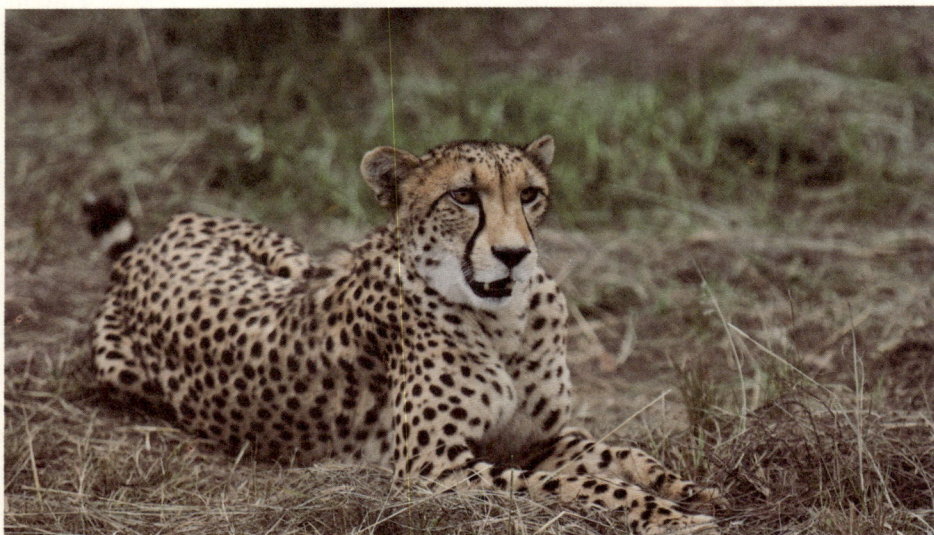

South Africa 不懂外语也能HIGH

匹林斯堡国家公园是南非第四大国家公园，在这里可以找到各种野生动物，虽然野生动物多，但非常考验眼力。要注意的这是不能喂食，这里是绝对不可以破坏动物的生长环境的。

tips 小贴士

1.选择旱季的傍晚进入公园，见到动物的机会最多。旱季的草木比较低矮稀疏，容易发现野生动物的踪迹；傍晚大多数动物都会出来活动，觅食或喝水。

2.水塘边最容易看到大批动物聚集的场面。

3.公园内的休息站可以买到饮料和简单食品。

加里—普莱尔乡村高尔夫球场

百万美元大奖赛球场

加里—普莱尔乡村高尔夫球场(The Gary Player Golf Course)是南非久负盛名的高尔夫球场，号称"百万美元大奖赛球场"。这座球场设计体现出一种野性的自然风格，优美的球场有18个球洞，其中13个洞旁因有鳄鱼潭而显得与众不同，增添了球场的神秘。球场举办过两届par-72高尔夫锦标赛，这里也是一年一度的莱利银行高尔夫挑战赛（Nedbank Golf Challenge)的举办场地，每年吸引了许多高尔夫明星，老虎伍兹也曾在此挥杆。

INFO 旅游资讯

✉ Sun City Resort, Sun City 0316, South Africa

¥ 350兰特/385兰特，包括半程休息费，没有球车

South Africa 不懂外语也能HIGH

1 众多世界高尔夫顶尖高手在南非得奖，高尔夫世界冠军老虎伍兹也曾在此比赛，比赛期间在此碰到顶级球手也是常见之事。球场内另类的水池障碍使球场浑然天成，更加具有吸引力。

2 太阳城的另一座名叫失落之城球场的高尔夫球场与"六星级"皇宫饭店临近，这座球场同样是加里—普莱尔的作品，不同之处在于加里普莱尔乡村高尔失球场更加含蓄、开阔，而失落之城球场更起伏、严厉。

马迪克韦野生动物保护区

数百种动物的栖息地

马迪克韦野生动物保护区（Madikwe Admin)占地面积极大，是南非最大的野生保护区之一，拥有南非最佳的野生动物观察地。保护区与博茨瓦纳接壤，是几十种几百种种大型哺乳动物和大约300种本地和迁徙鸟类的家园，以作为非洲五霸的绝佳观赏地而闻名。

INFO 旅游资讯

🚌 从比勒陀利亚或者约翰内斯堡出发4小时可达

☎ 018-3861225

South Africa 不懂外语也能HIGH

1 马迪克韦野生动物保护区目前是南非最主要的探险地之一，游客可以在保护区内驾驶或者步行，均有导引。踏入这个野生动物保护区，非洲五霸的雄傲令人震惊，其他各种动物的突然出现让人惊呼不已，如此近距离的观察野生动物的一举一动，十分有趣。

2 马迪克韦野生动物保护区最享受的方式当属泡温泉。温泉保护区是在马迪克韦丛林地带旅行的亮点，来到这里不仅可以在丛林驱车狩猎，还可以进行丰富的户外活动，如果喜爱探险，不妨到这里来寻找更多惊喜。

旅游资讯

交通

飞机

约翰内斯堡的机场每天都有飞机前往太阳城的蓝斯堡国际机场，航行所需时间为40分钟，从机场到太阳城约7千米的距离。

此外，开普敦也有到太阳城的航班。从我国出发，北京、上海等都有到约翰内斯堡的航班，然后再从约翰内斯堡转机去太阳城。

长途汽车

约翰内斯堡前往太阳城的长途汽车比较少，每天只有数辆运行，始发地点、时间等有时会变更，因此需要事先咨询。前往太阳城最好的方式是自驾车，从约翰内斯堡出发沿N1公路向北直到比勒陀利亚，再上N4公路，途经勒斯滕堡到太阳城，这是最简单的路线，所需时间为2小时。

市内交通

太阳城内道路非常简单，基本上只有一条主路。各酒店间有免费穿梭巴士，在酒店门口等候即可。客人较少时，酒店门童也会主动帮忙联系车辆。游客尽可以放心地玩到晚上，因为汽车都会运行到很晚。此外，游客应该好好利用太阳城入口处的轻轨列车，每隔7分钟1班。

住宿

太阳城主要有4家酒店，其中3星和超5星级酒店各一家，其余两家为5星级酒店。太阳城是娱乐休闲度假中心之一，这里的酒店价格要比其他地方贵很多。对住房要求不高的游客也可以在前往太阳城之前预订好周边酒店，以便往返。

1.The Palace of the Lost City

这是一家超5星级酒店，仿照皇宫而建的，非常富丽堂皇，故被称为超5星级酒店，它也是太阳城的景点之一。

地址：Sun City Resort off the R556, North West Province Sun City

电话：014—5574307

网址：www.suninternational.com

2.The Cascades Hotel

这是一家5星级酒店，也是太阳城娱乐中心，这里集快餐店、电影院、老虎机及儿童游戏机为一体，不仅住得舒适，还能玩得开心。

地址：P.O.Box 7, Sun City

电话：014—5575840

网址：www.suninternational.com

3.The Sun City Hotel

这是另一家5星级酒店，相对于另一家5星级酒店要较便宜一些。晚上不仅可以在此用餐看表演，还可以在赌场一试身手。

地址：The Palace of the Lost City Sun City

电话：014—5575110

网址：www.suninternational.com

4.The Cabanas Hotel

这是一家3星级酒店，是太阳城四家酒店中最便宜的一家。酒店后面有人工湖——水上运动场，可以在此参加水上摩托艇、水上降落伞等项目。

地址：P.O.Box 3, Sun City

电话：011—7807800

227

美食

　　太阳城中有数家餐厅，除了酒店和娱乐中心自带的美食广场外，在高尔夫球场、湖边、野生动物禁猎区营地还设有各种美食餐厅。太阳城内的美食以精致奢华的西餐为主，除了西餐还有非洲烧烤、东方美食等多种选择。每家餐厅的装饰都各具特色，餐厅内外环境交融，让人可以惬意用餐。其中太阳城酒店的兰花餐厅（The Orchid）是太阳城唯一的中餐厅，菜肴口味较地道，价格相对便宜。娱乐中心和太阳城酒店的赌场有快餐，如汉堡、热狗等廉价美食。

　　太阳城内的每家餐厅营业时间都不尽相同，有些全天开放，有些只经营正餐，也有的提供丰富的下午茶。这些信息在酒店的服务手册中都有介绍。

　　虽然大部分餐厅都可以随意着装，但有些特别讲究情调的餐厅还是希望客人能穿得比较正式，如皇宫酒店的帕拉佐别墅饭店等。

太阳城美食餐厅推荐

1.Nando's Sun City

　　这家餐厅是太阳城最热门的餐厅之一，餐厅内有精美的艺术画、水晶吊灯装饰，昂贵奢华，又有艺术气息。在这里用餐，一边吃着顶级大厨做出的美味菜肴，一边欣赏窗外的美丽风景，真是享受。

　　地址：R566, Sun City Entertainment Centre Rustenburg

　　电话：014—5521127

　　网址：www.nandos.co.za

2.KFC

　　这个标识都认识，是肯德基快餐店的缩写。这家快餐店位于太阳城市中心，提供各类油炸食品，环境清幽，干净卫生，可提前预订和网上订餐等。

　　地址：The Cascades Hotel Sun City

　　电话：014—5523342

　　网址：www.kfc.co.za

3.Toledo Spur

　　这是一家烤鸡专卖店，餐厅内的装修为南非本土风格，很多非洲风情的画、植物作装饰，店内播放的也是南非风情的音乐。在这里吃烤鸡，可以搭配不同风味的辣椒酱，尝试不同的风味，每一种都非常好吃。

地址：Shop 1, Kloofzicht Centre, Koorsboom Avenue Rustenburg

电话：014-5333112

网址：www.spur.co.za

4.Ctadvert

这家餐厅主打南非美食，供应很多特色面条和素菜，是素食者的首选用餐地。此外，这里还供应各种汤，汤料十足。

地址：Dawes Street Rustenburg

电话：014-5965764

5.Cakes Galore & Many More

这是一家很受欢迎的蛋糕店，小店周围环境清幽，非常热闹。如果想买早餐，或去野餐，可以到这里来买一些现烤的面包和糕点，建议尝尝面包卷、长棍面包和各式各样的蛋糕。

地址：32 A Buiten Street Rustenburg

电话：082-7703368

购物

太阳城作为单纯的度假地，并没有大型购物场所，但各酒店有不少出售纪念品的小店。这些小店出售的商品具有浓郁的非洲特色，从服装到手工制品应有尽有，制作精美，价格也并不特别昂贵，买些小纪念品也不错。

太阳城购物地推荐				
名称	地址	电话	网址	特色
Rustenburg Volkswagen	Corner Marlin And Koro Koro Street Magaliesview Rustenburg	014-5928321	www.vw.co.za	这里是百货商场，有许多服饰、珠宝、手工艺品和古玩等出售
Lewis Stores	Sun Village Shopping Centre, Shop 12A Sun City	014-5526913	www.lewisstores.co.za	这是一个家具城，各式各样的家具，做工都很精美
PEP Store	Shop 25 SUN Village Shop Cntr, Ledig Sun City	014-5522100	www.pepstores.com	这里出售的是整个太阳城最流行，同时也是最昂贵的商品

娱乐

作为以享乐为最高宗旨的度假胜地，太阳城的娱乐项目花样繁多。在这里，除了白天到马场、野生动物园、水上世界、户外冒险中心等运地游玩，晚上还可以到酒店的酒吧或是咖啡厅喝点东西、听听音乐，或是去有照明设施的高尔夫球场体验一下晚上打高尔夫球的乐趣。此外，在各游泳池边、花园中点上一杯清凉饮料，坐在躺椅上享受一个下午的明媚阳光，也很惬意。

Part12

第八站，南非其他景点

除了之前介绍过的热门旅游城市外，南非还有众多的景点散落于各处，如福尔斯湾、法国小镇、纳马夸兰、阿古拉斯角、西海岸国家公园、克鲁格国家公园、胡加普自然保护区等，都是十分值得一去的景点。

其他景点

福尔斯湾
直通好望角

INFO 旅游资讯

✉ 非洲最南端，好望角旁

福尔斯湾（False Bay）又译作法尔斯湾，位于南非西南端，西为开普半岛，北部和东部被非洲大陆所环绕，是著名的度假胜地、海滨疗养地，也是拍摄鲨鱼的最佳地。福尔斯湾通过世界上一条重要的水道——好望角南部水道，沟通大西洋。海湾的东部和西部山区崎岖陡峭，森林植被覆盖，三面环山，湾内是良好的避风港。

South Africa 不懂**外语**也能**HIGH**

1 福尔斯湾是南非良好的避风港之一，这里风景优美，有山有水，还盛产鱼类，来到这里不可错过鱼美食，同时这里还是摄影爱好者的天堂，可以近距离拍摄鲨鱼的优美曲线。

2 福尔斯湾虽然山区崎岖陡峭，但是这里植被覆盖，环境优美，还拥有静谧的海滩。不仅可以在沙滩漫步，还可以在水里嬉戏。

法国小镇
南半球的普罗旺斯

法国小镇（Franschhoek）建于1687年，由斯提尔设计并建立。这个小镇是西开普省唯一的一座田法裔建立的小镇，以美食美酒而闻名。历史上曾有由176名法国教徒远渡重洋，来到南非避难并带来了法国的葡萄种、酿酒术、建筑和生活方式，从此这个小镇被涂上了浓重的法国色彩。如今这座风景秀美的小城美酒飘香，成为南半球的普罗旺斯。

1 法国小镇的美可以和法国的普罗旺斯相媲美，乘坐窄轨观赏火车穿梭于大大小小的家族酒庄，并试尝各种葡萄酒，非常有趣。漫山遍野的葡萄庄园与周边的河流、湖泊等相互映衬，宁静得让人无限怀恋。

2 这里的风景、文化及美食带有法国风情，其美食及葡萄酒有很高的国际水准，被称为南非美良首府。同时这里也是当地最著名的结婚圣地，基本上每个周末教堂酒庄都会有礼婚礼举行。

纳马夸兰

开满野花的沙漠

纳马夸兰（Namaqualand）位于北开普省和西开普省之间，南临好望角，西濒大西洋，是一片荒凉、干旱的沙漠地区。它是世界上最特别的地区和地球上最不寻常的沙漠之一，被认为是世界的一个自然奇迹。每年春天这里野花变幻不同的色彩，沙漠变花海，独一无二的存在，这种独特的美吸引了来自世界各地的游客，也深受植物学家们的喜爱。

INFO 旅游资讯

📞 027-7122011
🚌 乘坐 Intercape 长途巴士从开普敦出发 8.5 小时可达
🕐 周一至周五 7:30 ~ 16:15

1 每年 8 月中旬到 9 月中旬，春天来到纳马夸兰，这块干旱的土地就会被各种各样的橙色、粉红色、白色和黄色野花所覆盖。这是一个旺盛的繁殖时期，各种植物会争相向热盼的传粉者炫耀它们的"妩媚"，众多的蜜蜂、蝴蝶、甲虫，为它们授粉，传宗接代。但是，这一壮观的景象只能维持 2 个月时间，通常时间会更短。

2 夏季这块无边无际的沙漠，热浪、高温肆虐。这时的纳马夸兰，艳丽的花朵蔫萎了，鲜嫩的绿草枯黄了，寥廓的苍穹没有一丝云彩，地上万籁俱寂，大地一片死气沉沉。此刻的纳马夸兰，在烈日的蒸煮下，天空毫无蓝色，没有一丝风，看不到飞鸟，地上寸草不生。只有那些生命力极强的蜥蜴、猫鼬、鼹鼠、蝎子、蝗虫等小动物，仍然在这地狱般的魔窟中，忍受煎熬，顽强地与那恶劣环境抗争。

2 纳马夸兰是最著名的赏花胜地。春天这里五光十色，视野里只有色彩，整个世界中好像只有花存在。各种各样的雏菊是纳马夸兰最耀眼的植物，这里还有紫罗兰、天竺葵、日中花、唐菖蒲等众多物种。但是当气温低于 17℃时，花期就会结束。当夏天到来时，纳马夸兰又将变得荒芜。

阿古拉斯角

非洲真正的最南端

INFO 旅游资讯

✉ 1 Dirkie Uys Street, Bredasdorp
📞 028-4255500
¥ 免费，登塔门票 13 兰特
🕐 周一至周五 9:00~17:00，周六 9:00~13:00

阿古拉斯角（Agulhas Cape）距离好望角约200千米，是非洲大陆的最南端，印度洋与大西洋的地理分界线也在这里。阿古拉斯是一座安静的小镇，造型各异的两层住宅错落有致地掩映在树丛中，只有一条直通灯塔的主要街道。因为有了阿古拉斯角，小镇上来访的游客才多起来，也才有了家庭旅馆、纪念品商店等，这里逐渐成为旅游胜地。

South Africa　不懂外语也能 HIGH

1 "阿古拉斯"是罗盘针的意思，据说在这里，航海家发现罗盘针不偏不倚指向正北方，于是知道这是非洲大陆的最南端。这里游人并不多，但是环境非常优美，原生态的海水，苍翠的树丛，宁静的小镇无一不吸引人。

2 阿古拉斯小镇尽头的一处高地上建有一座灯塔，几乎呈 90° 上下的阶梯加上终年不息的狂风，对登塔者是个不小的考验。但登上灯塔，看到的绝美风光决不会令人后悔。

西海岸国家公园

世界面积最大的湿地保护区之一

INFO 旅游资讯

✉ West Coast DC
📞 022-7722144
¥ 60 兰特（花开期），20 兰特（其他时间）
🕐 周一至周日 9:30 ~ 16:00，耶稣受难日、圣诞节、元旦休息
🌐 www.sanparks.org

西海岸国家公园（The West Coast National Park）位于南非西开普省开普城北部120千米处。公园占地面积达276平方千米，贯穿南部的伊泽芳登城直至兰格班潟湖，是世界上面积最大的湿地保护区之一。公园尤以鸟类和春季花卉闻名，每年8~10月是花卉盛放期，其中公园内的波斯特伯格花卉自然保护区是观赏花卉的绝佳地。公园和萨尔达尼亚湾，已被国际鸟盟确认为重点鸟区。

South Africa　不懂外语也能 HIGH

1 西海岸国家公园内可以看到来自俄罗斯的 100 多种候鸟以及园中的鹿、鸵鸟、塘鹅等。此外，这里还是企鹅最大的繁殖地，可以看到成双成对的可爱企鹅。来到这里还可以参加水上活动、垂钓、赏鸟、泛舟等娱乐项目。一到春天，公园里开满了花，非常漂亮。

2 这个公园内有几条观光线路，可以徒步旅行，也可以开车观赏，在这有花有鸟的公园内漫步，或是参加户外活动，都是一件很惬意的事情。

游遍南非

克鲁格国家公园

南非最大的自然保护区之一

克鲁格国家公园（Kruger National Park）建于1898年，位于勒邦博山脉以西地区，与莫桑比克毗邻，它是南非最大的自然保护区之一。克鲁格是典型的非洲草原地貌，辽阔的草原上生活着大象、狮子、犀牛、羚羊、长颈鹿、河马、斑马、猎豹、鸟类等异兽奇珍，动物的种类和数量在全世界都居前列。克鲁格国家公园丰富的动植物资源，优美的风景，吸引着无数海内外游客纷至沓来。

INFO 旅游资讯

✉ Kruger National Park, Skukuza Camp Rd, Skukuza

📞 012-4265000

¥ 成人 248 兰特，儿童 124 兰特

🕐 1-3月 5:30~18:30,4-7月 6:00~17:30,8-9月 6:00~18:00, 10-12月 5:30~18:00

South Africa 不懂**外语**也能**HIGH**

1 来到克鲁格国家公园，一定要参加猎游活动。这项活动一般有两名专业向导带着，乘坐改造过的敞篷越野车，可以利用先进的手段科技，用导航来寻找动物。此外，还可以留意一下营地的动物信息板，游客会把看到动物的信息贴到板上分享，可以按照这些信息来找动物。

2 清晨与黄昏，是观察动物的最佳时机，四季之中以冬季最佳。冬季是南非干季，水塘少，水资源集中，动物聚集在水源附近，很容易找到想见的动物。摄影爱好者们常守候在水源附近的地方拍摄动物们最原始的生活状态。

3 克鲁格国家公园很好地保持了这一地区自然环境和生态平衡，公园内不仅有品种繁多的野生动物，还有南非独特的猴面包树等植物。需要注意的是，在节假日期间来公园的游人非常多，进入公园会有人数限制，需要提前预约或提早去排队。

tips 小贴士

1.一定要注意安全！如果是驾车看野生动物，绝对不要下车。如果遇到象群，一定要离远一点，尤其是有小象的情况下。

2.如果在克鲁格待的时间久，买一张All Parks Cluster，也就是南非的公园通票更合算，可以一年内无限次出入南非的80多家公园和自然保护区。成人410兰特，双人票670兰特，家庭票820兰特（最多7人，最多2名成人）。

3.在克鲁格，抗疟疾药物是必需品，所以出发之前一定要买好。

4.无论是自驾或者是有向导的猎游，建议带上轻便的双筒望远镜、照相机、遮阳帽、防晒霜、防蚊液、舒适的步行鞋和瓶装水。

胡加普自然保护区

摄影家的天堂

　　胡加普自然保护区（Goegap Nature Reserve）位于斯普林博克东面15千米处，面积约为150平方千米。在这个保护区内生长着600多种花卉、近50种动物、近100种鸟类，还有一些爬虫类、两栖类动物。这里是游客的旅游胜地，也是植物学家和摄影家的天堂。

INFO 旅游资讯

✉ Airport Road, Springbok, 8240, Namaqualand
📞 027-7189906

不懂外语也能HIGH

1 保护区内有一个野花卉区，在雨季的时候，花开似锦，非常漂亮。在干旱季节，花很少，这恶劣的环境下只有一些不知名的小花顽强的盛开着。

2 保护区内除了有4条行车道路之外，还有3条徒步旅行线路和山地摩托车道路。来到这里的游客，可以根据自身状况参加这些刺激的户外活动。此外，在花海中漫步，也非常惬意。

马蓬古布韦国家公园

马蓬古布韦历史文化遗址所在地

　　马蓬古布韦国家公园（Mapungubwe National Park）建于1995年，占地面积280多平方千米，是南非林波波省的一座国家公园，靠近穆西纳，位于沙希河与林波波河的交汇处。国家公园靠近博茨瓦纳和津巴布韦的边界处，是大马蓬古布韦跨界保护区的一部分。这里曾经是非洲内陆最大的王国中心地，园内的马蓬古布韦被联合国教科文组织列入世界遗产名录。

INFO 旅游资讯

✉ 靠近穆西纳，沙希河与林波波河的交汇处
📞 015-5347923
🌐 www.sanparks.co.za

1 在公园内可以看到马蓬古布韦历史文化遗址，稀疏的灌木点缀着突兀的小山，山顶上的石头经过常年的风化侵蚀，有的滚落下来，有的被植物拦在半山腰，余下的岩石依然屹立在山上，仿佛在诉说着这里悠久的历史。

2 马蓬古布韦国家公园一角有一座古老建筑，是马蓬古布韦博物馆，博物馆可作会议中心，也可以住宿。因马蓬古布韦出土的文物过于珍贵，曾震惊了整个考古界，所以博物馆内大量珍贵的收藏品不可错过。博物馆周边还设立了许多营地和小屋旅馆，并配有游猎和观鸟专用设备。

卡拉哈迪跨国界公园

南非大型野生动物保护区

卡拉哈迪跨界公园（Kgalagadi Transfrontier Park）位于南非和博茨瓦纳之间的边界处，是一个大型野生动物保护区，以保护羚羊迁徙而建。园内野生动物品种丰富，有超过200种鸟类、各类大型的哺乳动物以及成群迁徙的草食类动物。如黑鬃的卡拉哈里狮子、猎豹、花豹、鬣狗、蓝角马、跳羚羊、大羚羊、红麋鹿等，最大的看点是成群的羚羊。此外，种类丰富的群鸟，也让这里成为鸟类爱好者的天堂。

INFO 旅游资讯

✉ Upington，位于南非和博茨瓦纳之间的边界

☎ 054-5612000

1 卡拉哈迪跨国界公园内植被稀疏，河流一般只在雷雨过后才会显现，常年处于干旱状态。昼夜温差较大，来到这里的游客需要多带些衣服。

2 公园内的野生动物繁多，很容易观察到动物们原生态的生活，是进行自然观察和摄影的最佳选择。此外，在这里还可以参加野营、徒步等项目。

Part 12

第八站·南非其他景点

里奇斯特费尔德国家公园

有趣的植物王国之一

里奇斯特费尔德国家公园（Richtersveld National Park）位于纳马夸兰北部，其北部和东部被蜿蜒流淌的奥兰治河围绕，面积约1625平方千米，其中的大部分是起伏不平、荒凉的大地，粗犷是这里的显著特征。这里气候炎热干燥，是世界上最有趣的植物王国之一，也是仙人掌等多肉植物的宝库。

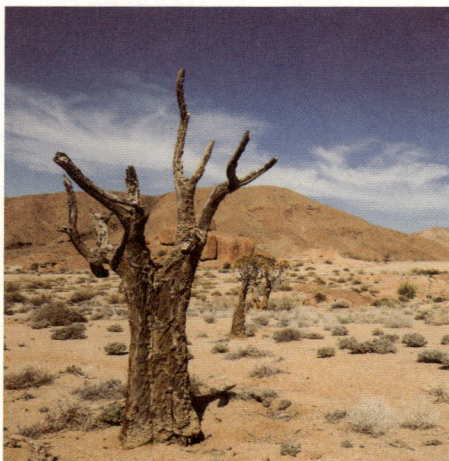

INFO 旅游资讯

✉ 1 Marshal Dve Alexander Bay
☎ 027–8311506

South Africa

不懂外语也能HIGH

1 公园有排列整齐的山峦，从远处望去显得相当荒凉，然而事实却并非如此。该地虽然树木稀少并且低矮，但是却有几百种开花的多汁植物，是最有趣的植物王国之一。

2 这里唯一的水源是奥兰治河，这里没有绿荫、没有道路，只有一块狭长的绿洲，所以不容易到达。最佳的游览方式是在导游的带领下在奥兰治河上乘船观光，荒凉的山脉，没有植被覆盖，岩石裸露，赋予了该地独特的景观。

布莱德河峡谷自然保护区

南非最受欢迎的景点之一

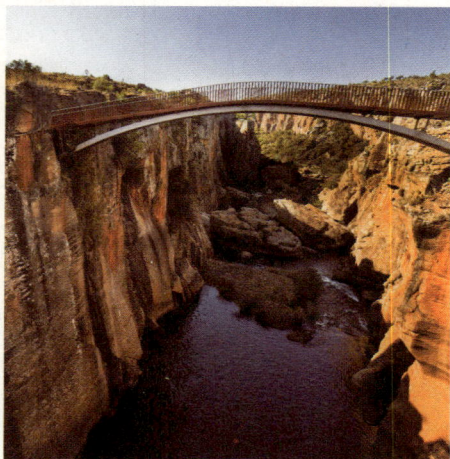

布莱德河峡谷自然保护区（Blyde River Canyon）位于姆普马兰加省北部，克鲁格国家公园西边，是南非最受欢迎的景点之一。该保护区以布莱德河为中心，在这里可以看到布莱德河与1000米高的大峡谷交织在一起的壮观景色，同时还有瀑布、奇妙的风景、上帝的窗户、岩石的塔等景观。

INFO 旅游资讯

✉ 赫拉斯科普有小巴士到保护区
¥ 20 兰特

1 上帝之窗是指保护区南端位于陡坡边的一个眺望点，当天气晴朗时，从这里可以俯瞰1000米以下的景物，美如人间仙境。在其不远处，还有一座峰顶岩，岩柱是由巨大的花岗石组成，从布满蕨类植物的深谷中升起，俨然有一柱擎天之势，十分壮丽。

2 沿这个保护区的纵向开通有532R和534R，又称为帕诺拉马路线，是位置很好的驾车游览线路，可以观赏到南非独特的景观。

3 布莱德河在山区刻画出一道深邃的峡谷，河谷上方有许多观景台，峡谷绵延800米，其间瀑布、奇石景观特殊，千年滴水穿石的奇特景观，让人不得不赞叹大自然的鬼斧神工。

奥赫拉比斯瀑布国家公园

有众多造型奇特的植物

奥赫拉比斯瀑布国家公园（Augrabies Falls National Park）位于阿平顿以西120千米处，距卡卡玛斯40千米。公园建于1966年，以奥赫拉比斯瀑布为中心，瀑布是其所属干旱地区的一处特有景色，对摄影师和自然学家有着极大的诱惑力。

INFO 旅游资讯

- ✉ 阿平顿以西 120 千米处
- ¥ 成人60兰特，儿童30兰特
- ⏰ 4～9月6:30~22:00,10月至次年3月6:00~22:00
- W www.sanparks.org

1 参观奥赫拉比斯瀑布的最佳时间是在当地的雨季，这时可以看到壮观的瀑布，听到瀑布击打岩石的隆隆巨响，十分震撼。

2 公园里最具特色的植物是巨型芦荟，当地称为箭树或科克布姆树，是这一地区的典型景观。外形格外引人注目。冬季，当箭树开花时，成群的鸟就会被它丰富的花蜜吸引而来，狒狒也会为了获得花蜜而撕裂花朵。